Joyce Roodnat

DAS GEWISSE ETWAS

Joyce Roodnat

DAS GEWISSE ETWAS

DER GUIDE FÜR FRAUEN MIT STIL

mit Illustrationen von Piet Paris

Aus dem Niederländischen
von Barbara Heller

Unter dem Originaltitel *Een kwestie van lef* 2007 erschienen
bei Uitgeverij Contact, Amsterdam/Antwerpen

Besuchen Sie uns im Internet:
www.knaur.de

Die Folie des Schutzumschlags sowie die Einschweißfolie
sind PE-Folien und biologisch abbaubar.
Dieses Buch wurde auf chlor- und säurefreiem Papier gedruckt.

Deutsche Erstausgabe November 2009
Copyright © 2009 der deutschsprachigen Ausgabe bei Knaur Verlag
Ein Unternehmen der Droemerschen Verlagsanstalt
Th. Knaur Nachf. GmbH & Co. KG, München.
Alle Rechte vorbehalten. Das Werk darf – auch teilweise – nur
mit Genehmigung des Verlags wiedergegeben werden.
Redaktion: Angela Troni
Umschlaggestaltung: ZERO Werbeagentur, München
Umschlagabbildung: Piet Paris – Unit CMA
Layout und Satz: Daniela Schulz, Stockdorf
Druck und Bindung: GGP Media GmbH, Pößneck
Printed in Germany
ISBN 978-3-426-65463-7

5 4 3 2 1

INHALT

Ich sehe schon aus im Spiegel wie eine Vierzigjährige.
Jenny in *Surabaja Johnny* (Bertolt Brecht)

Das Leben beginnt mit vierzig, und ich bin bereit für einen Neuanfang.
Sophie Tucker

Ein Sprichwort besagt, dass wir selbst dafür verantwortlich sind,
wie unser Gesicht mit über vierzig aussieht.
Edna O'Brien, *The Light of Evening*

Haartönungen haben alles geändert,
aber das wird nie gewürdigt.
Nora Ephron, *Der Hals lügt nie*

»Was bedauern Sie am meisten an Ihrem Aussehen?«
»Die Instandhaltung.«
Maureen Dowd

… der geflügelte Streitwagen der Jahre
wird dich eines Tages zwangsläufig überrollen
und auf deinem Gesicht Spuren hinterlassen.
Alex Kuczynski, *Beauty Junkies*

Alt werden ist nicht so schlimm,
man muss nur früh genug damit anfangen.

Kamagurka

Mein vierter Mann war vierzehn Jahre jünger als ich.
Ich bekam von allen Seiten Beifall, weil ich ihn mir
geangelt hatte, aber wir hatten uns nichts zu sagen.

Raquel Welsh (mit Dank an Sandra Heerma van Voss)

Wer vor alten Menschen Angst hat, der hat Angst vor dem Leben.

Cesare Pavese, *Die Freundinnen*

Ich bin nicht klüger geworden,
ich habe nur häufiger mit dem
Rücken zur Wand gestanden.

Jerry Lee Lewis in »Couple more years« (S. Silverstein/D. Locorriere)

Keine Grenzen, nur Ränder.

Jackson Pollock

Es ist wirklich nichts Schlimmes daran, fünfzig zu sein,
solange du dich nicht als Fünfundzwanzigjährige ausgibst.

»Sunset Boulevard«

DAS GEHEIMNIS

Das Leben wird meines Erachtens von Jahr zu Jahr schöner und auch spannender und reicher, aber es scheint, als müsste das ein Geheimnis bleiben. Wenn ich es ausspreche, glaubt mir nämlich keiner. Bin ich etwa die Einzige?

Wenn ich mich umsehe, entdecke ich sie überall: Frauen über vierzig, fünfzig, gar über sechzig. Die meisten werden mit zunehmendem Alter stärker und interessanter. Und sogar schöner, sofern sie es möchten. Trotzdem: Sobald eine Frau nicht mehr eindeutig jung ist, schreibt ihre Umwelt sie als Verliererin ab, sozusagen als einen traurigen Fall. Gegenbeispiele gefällig? Die sind die Ausnahmen von der Regel. Und zwar alle.

Es wird Zeit, endlich einmal die Freuden des Älterwerdens aufzuzählen. Es wird Zeit, zu erkennen, wie wir Frauen unseren Nutzen daraus ziehen können.

Mit Bravour älter werden – das geht nicht von alleine. Man könnte schon mal damit anfangen, dass man nie mehr Sätze sagt, die so beginnen:

»In meinem Alter …«

Man könnte auch beschließen, nie mehr zu sagen:

»Als ich jung war …«

Wer sich alt gibt, tut sich keinen Gefallen. Eine Frau, die dem verlorenen Paradies ihrer Jugend nachtrauert, reduziert sich auf die Rolle der tragischen Heldin.

Wenn eine Frau in den besten Jahren es jedoch schafft, auf Meinungen, Traditionen und Konventionen zu pfeifen, wenn sie tut, was sie will, und denkt, was sie will, dann hat sie gewonnen. Eine Frau, die nicht aufhört, alles zu wollen, entwickelt sich beständig weiter und lässt sich nicht unterkriegen. Zugegeben: Leicht ist das alles nicht. Aber Jungsein war auch Schwerstarbeit, also was soll's? Um den Frauen in diesem Kampf beizustehen, habe ich dieses Buch geschrieben. Hier finden sie das Rüstzeug für eine selbstbewusste Lebenseinstellung. Das Buch, absichtlich in der vertrauten Anrede geschrieben – schließlich sind wir hier unter uns –, weckt (neues) Selbstvertrauen und zeigt Strategien für eine großzügige Haltung auf. Denn wer von innen schön ist, der ist auch äußerlich schön. Das ist ein gern bemühtes Klischee – und eine Binsenweisheit.

Einer Frau, die ihr fortschreitendes Alter strahlend in Angriff nimmt, ist ihr Äußeres genauso wichtig wie ihr Innenleben. Sie scheut sich nicht vor einer selbstbewussten Kleiderwahl und entdeckt, dass Make-up sehr wohl angewandte Kunst ist. Im Übrigen weiß sie genau, dass eine Lesebrille sehr reizvoll wirken kann. Außerdem interessiert sie sich für das Für und Wider von Botox und Kollagen. Zugleich stellt sie immer wieder fest, dass eine schöne Falte nicht hässlich sein kann.

Und weiter?

Ganz einfach: Die Wechseljahre sind schlimm, aber kein Weltuntergang. Sehr viele ältere Frauen haben durchaus Sex und einen Liebhaber, das darf ruhig auch mal gesagt werden. Darüber braucht sich also niemand Sorgen zu machen.

Das alles ist jedoch kein Muss. Die hier angesprochenen Punkte sind weder Vorschrift noch heilige Pflicht. Wer keine Lust auf eine schlanke Linie hat, lässt das Kapitel über Gewichtskontrolle einfach aus, und wer sich nicht für Make-up interessiert, überspringt die entsprechenden Seiten.

Dieses Buch soll anregen und auf neue Ideen bringen. Wir Frauen im besten Alter lassen uns nicht verrückt machen. Letztendlich ist alles möglich – und alles erlaubt –, solange es mit Courage geschieht. Und mit Verstand.

Das gewisse Etwas ist aus Gesprächen mit erfahrenen Expertinnen und Künstlerinnen entstanden, also mit ganz unterschiedlichen Frauen zwischen vierzig und siebzig. Ich habe sie befragt, weil ich jede von ihnen auf ihre Art unwiderstehlich finde. Zum Glück haben sie mir bereitwillig verraten, wie sie so unwiderstehlich geblieben oder wie sie es geworden sind. Sie haben nicht nur das Material zu diesem Buch geliefert, von ihnen stammen auch die eingestreuten freimütigen Zitate.

Außerdem habe ich eine Ärztin, eine Visagistin, eine Designerin von Schauspielgarderoben und eine Friseurin als Beraterinnen hinzugezogen. All diese Frauen wissen, wovon sie reden, denn sie sind nicht nur wahre Meisterinnen ihres Fachs, sondern haben die fünfzig bereits mit Bravour gemeistert. Danke für eure Offenheit, eure Klugheit, eure Schönheit und euren Humor:

Jacqueline van Benthem	Dorinde van Oort
Pauline Bijleveld	Christine Otten
Erzja Boomstra	Sigrid van de Poel
Nicolaine den Breejen	Ine Poppe
Wilma Buis	Angela Ramadhin
Ans Clements	Josje van Rijnsoever
Rineke Dijkstra	Anita Roosma
Elsbeth Etty	Henriëtte Schenk
Maria Heiden	Diny Schouten
Saskia Janssens	Annemarie Stordiau
Barbara Kroon	Jany Temine
Riemke Kuipers	Carola Verhoeff
Colette Lacoste	Marceline Verster
Pauline van der Linden	Betty de Vetten
Roos van Mansfeld	Inge Wallage

Natürlich danke ich auch all jenen, die nicht genannt werden möchten.
Außerdem verneige ich mich tief vor Birgit Donker. Ohne sie gäbe es dieses Buch nicht.

DAS GEWISSE ETWAS

ICH BIN SCHON VIERZIG!
Lebenseinstellung und Mentalität

»Dreißig zu werden fand ich schwierig.
Von nun an muss ich mich normal benehmen, dachte ich.
Mit einunddreißig hatte ich das überwunden,
und die vierzig haben mich dann überhaupt nicht mehr gekratzt.«

»Ab fünfunddreißig vergehen die Jahre doppelt so schnell,
hat der Fahrradschlosser in meinem Dorf immer gesagt.
Ich muss oft an ihn denken, denn er hatte recht.«

»Mit vierzig war jede Verheißung weg.
Für einen Rollator war ich trotzdem noch zu jung.«
»›Ich bin schon vierzig!‹ Das habe ich gern gesagt:
›Seht her, ich bin schon groß!‹«

»Als ich fünfzig wurde, war ich den ganzen Tag sauer.
Sämtliche Geburtstagskarten, die ich bekam, habe ich weggeworfen.«
»Ich konnte es nicht fassen, dass ich fünfzig geworden war.
Irgendwas ist da schiefgelaufen, dachte ich.«
»Für meine Schüler bin ich einfach nur alt.
Die sehen den Unterschied zwischen vierzig und fünfzig gar nicht.«
»Ich hatte kein Problem damit, fünfzig zu werden.
Mein Mann dagegen schon, vor allem, was mich betraf.«

»Früher war man mit sechzig alt. Heute erkennt man oft gar nicht mehr,
ob jemand fünfzig oder sechzig ist.«
»Frauen können sich emotional sogar mit siebzig noch weiterentwickeln.
Das will ich auch. Mindestens.«
»Meine Mutter ist über hundert. Alter ist für mich etwas Relatives.«
»Älter werden ist nicht schlimm, das muss man sich klarmachen.«

Du wirst vierzig. Und plötzlich scheint alles anders. Gerade hattest
du dich so schön in den Dreißigern eingerichtet, warst fraulich
und jugendlich und endlich kein Kind mehr. Jetzt werden auf
einmal Witze gemacht. »Wie ist es denn so mit vierzig?«, fragen
die Geburtstagsgäste grinsend, fühlt es sich sehr anders an?
Spaßvögel schenken dann gern einen Tiegel Antifaltencreme mit
einer schönen Schleife darum. Ein wohlmeinender Freund be-
glückt dich mit einem Bildband künstlerischer Porträts eines
alternden Hollywoodstars. »Schau mal, die sieht doch noch toll
aus.«
Noch. Schönen Dank auch.
Du feierst, du trinkst, du lachst mit den anderen und machst dich
über dich selbst lustig. Du hältst dich tapfer, doch am liebsten
würdest du losheulen. Vierzig. Das war's dann wohl. Vorbei die
Jugend, vorbei das Leben. Lasst mich bloß in Ruhe. Kann ich
nicht, bitte schön, unsichtbar werden, und zwar sofort?
Unsichtbar. Noch immer wird oft behauptet: Frauen über vierzig
würden unsichtbar. Im Café werden sie ignoriert, im Restaurant
bekommen sie den Katzentisch neben der Tür zu den Toiletten.
Die Frau in mittleren Jahren wird übergangen, mit der ist nichts
mehr los.
Ist das wirklich so?
Ja, allerdings nur, wenn man zulässt, dass Männer zwischen
zwanzig und fünfundzwanzig die Norm bestimmen. Für die
sind wir tatsächlich Luft.

Beruht das etwa auf Gegenseitigkeit? Sie sind für uns ja auch Luft, denn solche Männer haben wir eigentlich gar nicht auf dem Schirm. Aber wenn so ein junges Bürschchen uns ignoriert, obwohl wir es gerade brauchen, regen wir uns trotzdem mächtig auf.

Für deine Unsichtbarkeit bist du selbst verantwortlich. Hör auf damit. Es ist nicht nötig, dass du dich klein machst, bis dich niemand mehr bemerkt.

Unsichtbar sein ist unnötig.

- Stell dich nicht selbst ins Abseits (auch nicht rein theoretisch).
- Sorge dafür, dass du auffällst (übertreib ruhig ein bisschen).
- Fürchte nichts und niemanden (auch diesen Flegel von Ober nicht).
- Sei selbstbewusst (die anderen können froh sein, dass es dich gibt).
- Beachtet zu werden ist eine Selbstverständlichkeit (also wundere dich nicht darüber).

BEDAUERNSWERT? WIESO?

Mit vierzig bist du noch auf Jahre hinaus fruchtbar und energiegeladen. Du bist Mutter junger Kinder. Du bist eine Arbeitnehmerin, die ihre Karriere im Griff hat. Nicht selten bringst du sogar beides unter einen Hut. Du weißt dein Äußeres mehr zu schätzen als früher und verstehst es besser, deine Schokoladenseiten (subtil) zur Geltung zu bringen. Denn mit den Jahren hast du gelernt, deine Pluspunkte zu erkennen und zu nutzen.

Warum empfinden wir den vierzigsten Geburtstag oft dennoch als Katastrophe? Woher kommt das Gerücht, mit vierzig sei man keine Frau mehr, sondern eine Quantité négligeable?

Das Alter ist ein Graus. Das war nicht immer so. In früheren Zeiten haben die Menschen Alter mit Kraft und Lebenswillen assoziiert. Eine alte Frau war eine starke Frau. Sie war eine Überlebende, also musste sie Charakter haben. Auf den Friedhöfen lagen jede Menge Jüngere. Wenn Kinder nicht tot geboren wurden, war die Wahrscheinlichkeit groß, dass sie früh starben. Überlebten sie ihre Kindheit, erlagen sie oft als junge Erwachsene einer Krankheit, einer Verletzung oder einer Erkältung. Im Nu holte man sich damals eine Infektion, Unfälle endeten leicht tödlich. Unzählige junge Menschen fielen außerdem Kriegen und Verbrechen zum Opfer.

Irgendwann wurde die Welt sicherer. Krankheiten wurden bezwungen, das Sterben wurde verdrängt. Nicht mehr der Sieg des Lebens war nun die Norm, sondern die Angst vor dem Tod.

Wer älter wird, ist längst kein Gewinner mehr. Er geht seinem allerletzten Verlust entgegen, und er – vor allem jedoch sie – ist auch noch so unsensibel, die Jüngeren damit zu konfrontieren.

Männer mit vierzig haben es mindestens genauso schwer wie Frauen in dem Alter. Aber Männer gehen in die Offensive. Gerade weil sie glauben, ihr Leben sei nun vorbei, möchten sie ihren Lebenswillen lautstark bekunden. Das mag arrogant wirken, ist jedoch um einiges reizvoller als sich, wie so viele vierzigjährige Frauen es tun, in sein Schneckenhaus zurückzuziehen. Denn was ist man dann noch wert?

Männer über vierzig verbreiten noch erfolgreich ihren Samen, bei den Frauen neigt sich die Zeit der Fortpflanzung dem Ende zu. Zwar können sie noch Kinder bekommen, aber die meisten tun es nicht mehr.

Dass sich der Körper verändert, dass Falten im Gesicht erscheinen, dass die Züge andere Konturen annehmen – all das wird bei Frauen unnachsichtiger registriert als bei gleichaltrigen Männern.

Ein Mann darf ruhig ein Doppelkinn haben und seine Taille unter Fettpolstern verstecken, eine Frau dagegen sollte sich ja nicht einbilden, dass Gleiches auch für sie gilt. Ihr Körper wird schlaffer, wenn er es nicht schon ist. Aber sie kann wenigstens dafür sorgen, dass es nicht zu sehr auffällt.

>»Mein Frausein sitzt nicht in den Eierstöcken.«

Was stimmt eigentlich nicht mit uns? Dass wir keine Kinder mehr bekommen? Dass sich allmählich die eine oder andere Falte zeigt? Wir sind berufstätig, wir sind Mutter, Ehefrau, Freundin, Kollegin. Wir sind aktiv, wir sind gesund, wir sind amüsant. Wir stecken voller Pläne und Geschichten – was also ist alt an uns?

Nichts.

Trotzdem empfinden viele Frauen es als Zumutung, vierzig zu sein.

Wappne dich gegen die Reaktionen deiner Umwelt ebenso wie gegen die eigene Angst, ob eingeredet oder begründet. Außerdem gibt es Trost.

Du wirst fünfzig. Das ist erst mal ein Schock – nicht umsonst wird
der fünfzigste Geburtstag oft groß gefeiert. Ha, wir haben's ge-
schafft, sagt dieses Fest. Wir sind keine vierzig mehr, wir brauchen uns nicht mehr zu rechtfertigen.
Wir sind, wer wir sind, und ab sofort müssen die anderen damit
klarkommen. Wir legen uns ein neues Outfit zu. So sieht man
mit fünfzig aus – nicht schlecht, was?
Nach kurzer Eingewöhnungszeit fängt ein neues Leben an. Wir
gehören jetzt in eine andere Kategorie. Das feiern wir, das sollen
alle wissen.
Und es wird immer besser: Der sechzigste Geburtstag ist nämlich noch schöner.
Du bist sechzig. Du springst ins kalte Wasser. Und wenn schon,
immerhin weißt du, dass du nicht untergehst. Dein Alter ist kein
Thema mehr für dich.

Alter ist Einstellungssache
- Vierzig überfällt dich.
- Fünfzig wirst du.
- Sechzig widerfährt dir.

Ob du nun achtundfünfzig oder zweiundsechzig bist, macht keinen Unterschied. Du sagst:»Ich bin dreiundsechzig«, und es kommt dir vor, als würdest du von jemand anderem reden. Die Tatsache erstaunt dich, aber sie bringt dich nicht aus der Fassung. In dieser Lebensphase wiegen die Vorteile des Älterwerdens die Nachteile auf. Du hast mehr Freiheit als je zuvor, und du hast noch immer mehr als genug Energie, sie zu genießen.

> »Ich lebe im Hier und Jetzt, ich blicke nicht oft zurück.«
> »Ich kümmere mich nicht darum, denn ich finde mich noch nicht alt.«

Erwarte keine Wunder. Manchmal deprimiert dich dein Alter. Du möchtest etwas unternehmen, was du immer mit links gemacht hast, und plötzlich geht es dir nicht mehr so leicht von der Hand. Du merkst, dass du keine vierzig mehr bist: Dein Körper ist dir im Weg.

Im nächsten Moment erscheint dir der Gedanke, dass du die sechzig überschritten hast, albern und ärgerlich. Also tust du, was du dir vorgenommen hast. Es strengt dich zwar mehr an, doch die Erfolgschancen stehen gut. Du steigst in den Zug und fährst einfach los. Am Ziel angekommen, bist du müde. Du setzt dich in ein Café, ruhst dich eine Weile aus, und dann zeigt sich, dass du die Wanderstrecke noch ohne weiteres schaffst. Du buchst die Reise, du nimmst alles mit, was dir geboten wird, nur den wilden Ausritt, den sparst du dir.

Manches lässt du bleiben, für anderes brauchst du nun etwas länger. Wenn es klappt – wunderbar. Wenn nicht, ist das auch kein Beinbruch. *Das Wort »alt«* kommt erst ins Spiel, wenn du über fünfundsiebzig bist. Erst dann machen sich die Einschränkungen des Alters allmählich ernsthaft bemerkbar: Man hört schlechter, man sieht schlechter, man kann sich nicht mehr so gut bücken, nicht mehr so schnell laufen.

In dieser Lebensphase kann sich der Gesundheitszustand verschlechtern, aber selbst dann fühlen sich viele Menschen noch gesund bis kerngesund. Das liegt daran, dass ihre körperlichen Gebrechen harmloser ausfallen als allgemein prophezeit. Eine angenehme Überraschung, nicht wahr?

Ewige Jugend. Die Vergangenheit wird immer länger, die Zukunft immer kürzer. Leider.

Aber würdest du gern hundertzwanzig werden? Nein.

Würdest du gern ewig jung bleiben? Nein.

Du tust, wozu du Lust hast und mit wem du Lust hast. Vielleicht ist das die Definition ewiger Jugend – wer weiß?

> »Solange kein Gebiss im Glas auf dem Nachttisch steht,
> ist mir die ewige Jugend sicher.«
> »Ich denke: Is that all there is?
> Das ist doch alles halb so wild.«

ÄLTER WERDEN IST NICHT SCHLIMM

Eine Frau von sechzig ist nicht alt. Sie hat noch viele Jahre vor sich und beste Chancen, die meisten davon bei guter Gesundheit zu verbringen.

Eine Frau von vierzig hat noch nicht einmal die Hälfte ihres Lebens hinter sich.

25

Auch eine Frau von fünfzig ist noch lange nicht weg vom Fenster.

Verhalte dich entsprechend, und tu nicht so, als ginge es dem Ende zu, das wäre völlig verfehlt. Ältere Menschen lassen sich durch schlimme Ereignisse psychisch sehr viel weniger unter Druck setzen als jüngere, auch haben sie Ärger und Kummer besser im Griff.

»Ruhe? Das ist nichts für mich.«

Versuche
- dich in deinen Interessen und deiner Bewegungsfreiheit nicht einschränken zu lassen. Tu all das, was du auch schon vor zehn Jahren getan hast.

Gehe davon aus,
- dass alt ist, wer fünfzehn Jahre älter ist als du.

Erinnere dich daran,
- dass Wachstum in deiner Jugend selbstverständlich war. Behalte diese Selbstverständlichkeit bei.

Vergiss nicht,
- dass sich Lebenserfahrung in Form von emotionaler Stabilität auszahlt. Schicksalsschläge werden schneller verarbeitet.

Und vor allem
- lass dir nichts einreden. Mit fünfzig ist man nicht alt. Mit sechzig auch nicht und mit vierzig schon gar nicht.

»Jung sein ist ein bunter Strauß an Illusionen.
Er war schön, aber er fehlt mir nicht.«
»Je älter ich werde, desto weniger Probleme habe ich mit dem Alter.«
»Meine Freiheit wächst, und ich nutze sie.«

WIE PACKT MAN ES AN?

Älter wird man von alleine. Dafür muss man nichts tun. Also tu auch nichts. Stell dich nicht groß darauf ein, sondern bleib, wie du bist – so einfach ist das.

Nirgendwo steht geschrieben, dass du dein Verhalten ändern musst. Dass du nicht mehr auffallen darfst. Dass du eine Entschuldigt-dass-es-mich-gibt-Haltung einnehmen musst, dass es jetzt angemessen wäre, auf alt zu machen. Lass es, das wäre traurig.

Be your age. Pippi Langstrumpf mit vierzig, Miniröcke mit fünfzig, eine Bomberjacke mit sexy Applikationen mit sechzig – so etwas lass besser bleiben. Mit neunzehn mag dergleichen ja lustig gewesen sein, jetzt verrät es nur noch eine verzweifelte Sehnsucht nach vergangenen Zeiten. Solche Kindereien zeugen von einem schwachen Selbstbewusstsein – dabei könntest du stolz sein auf deinen über Jahre entwickelten guten Geschmack.

Steh zu deinem Alter. Spiel dir nichts vor. Mach dir bewusst, was du willst und wozu du keine Lust hast, und halte dich daran. Respektiere deine eigenen Bedingungen. Kompromisse sind nichts für reife Menschen.

»Ich möchte nicht noch mal jung sein. Jung und glücklich – das geht nicht zusammen.«
»Wenn man jung ist, identifiziert man sich mit seinem Äußeren.«
»Die größte Sünde ist nicht der körperliche Verfall, sondern *to be boring.*«

Roste nicht ein. Lehn dich nicht zurück und gebrauche dein Alter nicht als Ausrede. Denke niemals: Die Ausstellung schenke ich mir, ich weiß sowieso, was es da zu sehen gibt. Oder: Den Wettkampf brauche ich mir nicht anzutun, was kratzt es mich noch, wer gewinnt? Oder: Zu der Party gehe ich nicht, das ist doch immer das Gleiche. Du hast dann zwar deine Ruhe, aber du landest in einer Sackgasse. Mit dem Alter haben solche Gedanken nichts zu tun – da ist Trägheit im Spiel. Man wird ältlich, und das ist ganz und gar unnötig.

Klinke dich nicht aus. Lass dir nichts entgehen. Neue Kontakte solltest du nicht auf dein persönliches Umfeld beschränken. Erweitere deine Interessen. Befasse dich mehr denn je mit Politik. Sieh dir die Tour de France im Fernsehen an. Werde Kinderfrau, lass dich in den Vorstand eines Sportvereins oder in den Betriebsrat deiner Firma wählen. Besuche ein Jazzfestival, besorge dir das erste Ballettabonnement deines Lebens. Lass dich überraschen und inspirieren.

Verschwende keine Zeit. Bürde dir nichts auf: Lies Bücher nicht pflichtschuldig zu Ende, wenn sie dich langweilen, verlasse das Kino, wenn dir der Film nicht gefällt. Trau dich, den Kontakt zu Menschen abzubrechen, an denen dir nichts liegt. Aber tu es freundlich, ohne sie zu kränken oder herabzusetzen.

Zieh dich auf keinen Fall in dein Schneckenhaus zurück. Falls es schon passiert ist, dann komm schnell wieder heraus, zwing dich notfalls dazu! Mach dich nicht klein, im Gegenteil: Du möchtest größer werden, als du je warst.

Du bist noch immer Teil der Gesellschaft. Denk nie: Ich gehe nicht ins Kino, mit meinen zweiundsechzig wird mir da bloß die Handtasche geklaut.

Dein Alter ist keine Krankheit. Rede nicht darüber, es ist kein Thema.

Wie solltest du dich verhalten? Dein Alter erlaubt es dir, resolut aufzutreten und dich nachdrücklich zu behaupten. Du bist in den Vierzigern, den Fünfzigern, den Sechzigern, dir macht keiner mehr was vor.

Du entscheidest selbst, was du tust und wie du es tust.

Das alles ist nicht immer einfach. Wenn deine Verpflichtungen weniger werden, weil die Kinder aus dem Haus sind, weil du die Arbeitszeit reduzierst oder in Rente gehst, kann eine Neigung zur Passivität entstehen. Im schlimmsten Fall verfällst du in eine Depression.

»Vielleicht ist das Alter eine Form der Depression.«
»Von dem Tag an, als ich mich wieder geschminkt habe, ging es mir besser.«

DEPRESSION

Depressionen im höheren Alter sind besonders gefährlich, weil sie nicht so leicht wieder verschwinden. Informiere dich über das Krankheitsbild, um eventuelle Symptome rechtzeitig zu erkennen.

Wenn du häufiger schlecht gelaunt, lustlos und desinteressiert bist, zwing dich vor allem regelmäßig zu ausreichender Bewegung und ernähre dich abwechslungsreich. Pflege deine Kontakte, auch wenn du keine Lust dazu hast, bemühe dich um deine

Freunde und Bekannten. Achte auf dein Äußeres. Eine Depression kündigt sich oft dadurch an, dass man anfängt, sich zu vernachlässigen. Auch wenn es dir gerade nicht wichtig ist: Bleib stilvoll. Verwahrlosung ist verhängnisvoll, sie kann der Beginn einer Abwärtsspirale sein. Der Gedanke, ins Abseits zu geraten, sollte ein Schreckgespenst für dich sein. Zwing dich, etwas dagegen zu tun. Gib nicht auf und behalte dich stets im Auge.

Aktionsplan
- Gib dich nicht krampfhaft jung.
- Gib dich nicht vorzeitig alt.
- Halte dein Interesse für die Welt um dich herum wach.
- Verschwende keine Zeit.
- Zieh dich auf keinen Fall in dein Schneckenhaus zurück.
- Tritt resolut auf.
- Mach dich auf Depressionen gefasst.

»Oben ohne mit jungen Italienern Tretboot fahren, da fanden wir früher nichts dabei. So was tut man ab einem gewissen Alter natürlich nicht mehr. Aber sonst? Wir können doch tun und lassen, was wir wollen!«

VERSAUERN: DIE HÄNGENDEN MUNDWINKEL

Du kannst es dir leisten, nicht lustlos zu sein. Dein Alter verleiht dir Autorität, deine Erfahrung verleiht dir Flügel. Was andere von dir halten, ist dir nicht mehr so wichtig, du bist von ihrer Meinung nicht mehr abhängig. Everybody's Darling sein zu wollen, das ist etwas für junge Mädchen, nicht für dich.
Alles gut und schön – aber lebensgefährlich. Schneller als du

denkst, entsprichst du dem Klischeebild der Frau von vierzig bis über fünfzig: Du versauerst. Du beklagst dich, du nörgelst und mäkelst an allem und jedem herum. Nichts klappt mehr heutzutage, alle sind Idioten, früher war alles besser. Dein Mund ist ein grimmiger Halbmond, denn die Mundwinkel zeigen fast nur noch nach unten. An allem hast du etwas auszusetzen.

»Ich sah mich plötzlich im Spiegel und erschrak: ein Mund wie ein Strich.«
»›Du verprellst die Menschen um dich herum‹, hat man mir vorgeworfen.
Da habe ich mein Verhalten geändert.«
»Das Einzige, was ich noch werden kann: eine flotte Alte.«

Ein bisschen meckern kann jedoch nicht schaden – die anderen sollen ruhig Rücksicht auf dich nehmen. Ein bisschen kratzbürstig sein ist ebenfalls erlaubt, solange es witzig und gut getimt ist. Aber ständig jammern und stänkern? Nein, das ist tabu.

Sieh dich nur mal um: Überall wirst du Frauen mit hängenden Mundwinkeln entdecken. Oft treten sie zu zweit auf und überbieten einander förmlich an boshaften Kommentaren. Ist so eine Lästerzunge allein, würgt sie jedes normale Gespräch ab. Alles macht sie herunter, jeder bekommt sein Fett weg. Freude findet sie übertrieben, Fröhlichkeit oberflächlich, Optimismus dumm.
Wird man mit einer solchen Haltung glücklich? Natürlich nicht. Versauern will niemand. Trotzdem tendieren vor allem Frauen zu diesem Verhalten. Wie kommt das?

WARUM VERSAUERT EINE FRAU?

Weil sie denkt, das Leben spiele ihr einen Streich. Als sie noch jung war, standen ihr alle Möglichkeiten offen. Jetzt hat das Alter ihr diese Erwartung genommen. Sie erkennt, dass sie nicht mehr mit der Erfüllung ihrer Hoffnungen und Träume rechnen kann. Ihre Rache ist Missmut.

Weil sie noch vor kurzem eine Schönheit war. Eine Frau, nach der sich die Männer umdrehten, die Aufsehen erregte, wenn sie einen Raum betrat. Diese Wirkung hat das Alter ihr geraubt. Jetzt grämt sie sich, weil niemand mehr weiß, wie schön sie einmal war. Sie muss darum kämpfen, beachtet zu werden. Ihre Rache ist Missmut.

Weil sie merkt, dass sie als Mutter, als Ehefrau, als Kollegin im Dienst ihrer Umgebung steht. Als Frau ist sie abgeschrieben. Sie gehört nicht mehr dazu. Ihre Rolle beschränkt sich auf das Dienen. Ihre Rache ist Missmut.

Weil sie in den Wechseljahren ist. Schon seit fünf Jahren schläft sie schlecht, weil sie mit Hitzewallungen und nächtlichen Schweißausbrüchen zu kämpfen hat. Nacht für Nacht ist alles klitschnass: Laken, Kissen, Nachthemd. Sie wird miesepetrig vor Müdigkeit. Dass das Alter ihr das antut, stimmt sie düster. Ihre Rache ist Missmut. *Weil* sie rüpelhaftes Benehmen nicht mehr einfach hinnimmt. Sie macht den Mund auf, denn ihr fortgeschrittenes Alter hat sie selbstbewusster werden lassen. Und sie genießt es, dieses neue Selbstvertrauen. Aber sie übertreibt, sie geht zu weit, und tatsächlich gibt man ihr Kontra. Ihre Rache ist Missmut. Früher waren die Menschen ja so viel höflicher. *Weil* sie auf einmal älter wird, einfach so, ohne Vorwarnung. Ihre Rache ist Missmut.

WIE VERHINDERT MAN, DASS MAN VERSAUERT?

Tu was: Interessiere dich für andere Menschen, auch wenn sie nicht zu deinem persönlichen Umfeld gehören. Verurteile grundsätzlich niemanden, halte keine Moralpredigten und verkneife dir bissige Scherze.

Tu was: Sei stolz auf das, was du kannst und was du deiner Familie, deiner Umgebung, deinen Kollegen bedeutest.

Tu was: Halte konsequent deinen Haushalt in Ordnung, auch wenn es niemand sieht. Allein essen ist zwar traurig, aber mit einer Kerze auf dem Tisch immer noch besser als in der Küche aus dem Topf.

Tu was: Jammere nicht, nörgle nicht, meckere nicht. Bekämpfe jegliche Neigung, dich über alles und jeden zu beklagen, und lass dir deine Unzufriedenheit nicht anmerken. Lamentieren mag kurzfristig befriedigen, eine Lösung ist es nicht. Im Gegenteil: Es verärgert andere und stößt ab.

Tu was: Tränen gehören in die eigenen vier Wände. Fließen sie mal woanders, sieh zu, dass du sie schnell wieder trocknest.

Tu was: Vermeide Alltagstrott. Weigere dich entschieden, den immer gleichen Mustern zu folgen, auch wenn deine Umgebung das von dir verlangt oder es von dir gewöhnt ist.

Tu was: Nein, ich gehe nicht zum x-ten fünfzigsten Geburtstag. Ja, wir kaufen heute für die ganze Woche ein, denn ich brauche Zeit, um mir die komplette DVD-Box mit Martin-Scorsese-Filmen anzusehen/für das Tennisturnier zu trainieren/den Garten neu anzulegen/sechs Kuchen und eine Quiche zu backen. Warum? Weil es mir Spaß macht. Nein, Weihnachten feiern wir diesmal nicht mit meinen Eltern und auch nicht mit deinem Vater. Was wir stattdessen tun, verraten wir nicht.

Tu was: Begreife, dass deine Kinder nicht verpflichtet sind, deinem Leben einen Sinn zu geben. Fall ihnen nicht mit deinen Sorgen und Nöten zur Last. Genieße sie.

Tu was: Sei nicht neidisch auf junge Menschen. Gönn ihnen ihr Recht auf Unschuld, Abenteuer und Freiheit – denk immer daran, wie du selbst in dem Alter warst (sicher keinen Deut besser).

Tu was: Behalte Kritik für dich, mach anderen keine Vorwürfe. Gemecker ist verboten, Einfühlungsvermögen ein Muss, ein gutes Gedächtnis von Vorteil.

Tu was: Übertreibe nicht: Sich allzu jung und stürmisch zu geben ist die Kehrseite der Miesepetrigkeit.

Tu was: Gib dir unverändert Mühe. Sonst fällst du um vor lauter Gram, und niemand hilft dir wieder auf.

Tu was: Lass das fortschreitende Alter nicht über dich hereinbrechen. Beschäftige dich bewusst und rechtzeitig mit dem Älterwerden, lass es nicht einfach geschehen. Überlege dir, was es für dich und an dir verändert und welchen Nutzen du daraus ziehen kannst.

Tu was: Wehre dich gegen deinen Missmut, auch wenn du es nicht hundertprozentig in den Griff bekommen wirst. Verbittern, versauern – so etwas schleicht sich ganz allmählich ein. Du kannst darauf achten und früh genug gegensteuern.

Rezepte gegen das Versauern

- Sei aktiv, halte dein Gehirn auf Trab.
- Sei nicht neidisch auf die Jugend.
- Pflege deine Kontakte.
- Tu es auch dann, wenn es dir schwerfällt.
- Sei dir deines Wertes bewusst.
- Sorge für dich selbst.
- Sorge für deine Umgebung.
- Jammere nicht.
- Klage nicht.
- Mach keine bissigen Scherze.
- Wenn du weinen musst, fasse dich kurz.
- Kein Gemecker, keine unberechtigten Vorwürfe.
- Gib dein Bestes. In allem.
- Älter werden ist keine Kränkung (begreif das endlich!).
- Wehre dich gegen jeglichen Missmut.

Wenn du trotzdem zu versauern drohst: kämpfe. Mach dir zumindest bewusst, dass du die Tendenz zum Versauern hast, und versuche dich zu kontrollieren, wenigstens ein bisschen. Bring möglichst wenige Menschen gegen dich auf und vergiss nicht: Pessimismus stößt ab.

>»Von Facelifting halte ich nichts, von Verhaltenslifting dagegen schon. Das ist immer wieder mal nötig.«

WIR ERNTEN

»Das werden Erntejahre.
Ich muss nur noch eine Form dafür finden.«

Jeder weiß es: Ältere Frauen sind konservativ. Am liebsten lassen sie alles beim Alten. Sind Frauen erst mal über fünfundvierzig, können sie Veränderungen kaum noch ertragen.
Ach ja?
Vielleicht scheint das so, wenn man diese Frauen mit gleichaltrigen Männern vergleicht. Männern Ende vierzig gesteht man eine dynamische Midlife-Crisis zu. Zwar sind sie bedauernswert, aber auch irgendwie rührend und unwiderstehlich romantisch. Hyperaktiv und voller existenzieller Zweifel gehen sie auf die Jagd nach der zweiten Jugend. Zu einer solchen Explosion von Aktion und Reaktion lassen Frauen sich nicht hinreißen. Sie werden mit den Jahren von selbst flexibler.
Glaubt denn jemand im Ernst, eine Frau jenseits der vierzig hätte Lust zu verkümmern? Von wegen. Sie nutzt ihre Chancen. Ihre Verpflichtungen werden weniger, ihre Fantasie gewinnt mehr Raum. Wenn alles gutgeht, macht sie sich bewusst, dass sie es sich in ihrem Alter erlauben kann, auf die Konventionen und vorgefassten Meinungen ihrer Umgebung zu pfeifen.

»Ich langweile mich nie, weil ich mich schnell langweile – alles klar?«
»Seit ich älter werde, lebe ich in Schichten: Ich kristallisiere heraus.«
»Ich darf mehr genießen. Nein, ich muss jetzt mehr genießen.«
»Der lebendige Fisch schwimmt gegen den Strom, sagen die Chinesen.
Und tote Fische sind wir nun wahrlich nicht.«

Feiere das Leben. Du stehst mittlerweile fester im Leben als noch vor fünfzehn Jahren. Zwar spielen deine Hormone verrückt, und das kann dir Probleme bereiten, aber deine Jugend willst du nicht zurückhaben. So schön sie auch war, so aufreibend und spannend – sie war auch schwierig. Unsicherheit, Angst und mangelndes Selbstvertrauen assoziieren die meisten Frauen mit ihren Mädchenjahren. So etwas können Vierzigjährige nicht mehr gebrauchen.

Überraschungen bringen dich nicht mehr so schnell aus dem Konzept. Deine Erfahrung und deine persönliche Geschichte haben dich gelehrt, zu nuancieren und zu manövrieren. Du weißt jetzt halbwegs, was du vom Leben willst und was nicht, und dein Alter gibt dir das nötige Selbstvertrauen, auch danach zu handeln. Anders gesagt: Dich wirft keine Veränderung mehr aus der Bahn.

Jede Situation ist in den Griff zu bekommen. Setzt dir jemand zu, oder fühlst du dich unbehaglich, kannst du es dir jetzt leisten, zu denken: Wenn's dir nicht passt, dann zieh Leine! Du nimmst die Meinung anderer zwar ernst, machst dich jedoch nicht mehr davon abhängig.

Du hast ein Recht auf Irrtümer. Sei nicht immer nur vernünftig. Rechne nicht ständig damit, dass man dir übel mitspielen will.

Gefällig zeigst du dich nur noch, wenn es dir Spaß macht. Früher wolltest du, dass alle dich nett finden, heute brauchst du das nicht mehr. Fordere Widerspruch heraus, wenn es sein muss. Das ist besser, als mit deiner Seele in der Plastiktüte herumzulaufen. (Aber aufgepasst: siehe *Versauern,* S. 32.)

GEH SPARSAM MIT DEINER ENERGIE UM

Wirklich alt ist man erst, wenn man keine Energie mehr hat. Bewahre dir deine Energie, dann bist du nicht alt. Das hat jetzt nicht unbedingt etwas mit der körperlichen Verfassung zu tun. Solange du energisch und für Neues offen bist, so lange bist du eine ältere, aber keine alte Frau.

Die Kräfte schonen ist gut, wer es aber nur noch ruhig angehen lässt, ist am Ende. Aktiv sein, viel zu tun haben – das weckt neue Energie.

Arbeit ist lebenswichtig. Sie hält dich in Bewegung, sie bestimmt deinen Platz im Leben, sie verschafft dir Inhalte und Kontakte. Nimm dir Zeit für eine Arbeit, die du lohnend findest. Ist das nicht möglich, dann backe kleinere Brötchen. Versuch den Job nicht mehr so wichtig zu nehmen und schaff dir den Freiraum, etwas zu tun, was dir wichtig ist. Nicht im Sinne von: Seht mich an!, sondern von: Wie schön, Zeit auf etwas zu verwenden, was der Mühe wert ist.

Ältere Arbeitnehmer sind jüngeren überlegen:
- an Sozialkompetenz,
- an allgemeinem Verständnis,
- an Wissen,
- an Tatkraft,
- an Arbeitserfahrung und Produktivität,
- an Engagement,
- an Gesundheit (39 % melden sich nie krank, gegenüber 26 % bei den jüngeren).

Ältere Arbeitnehmer haben es schwerer:
- wenn Führungskräfte ihr Wissen und ihre Erfahrung als Bedrohung erleben können,
- wenn sie nicht alle sieben Jahre die Tätigkeit wechseln.*

Disziplin ist notwendig. Die Ausrede »keine Lust« gilt nicht! Sonst gibst du etwas auf, was du nie mehr zurückbekommst. Der Preis für mangelnde Disziplin ist einfach zu hoch.

* Zahlen übernommen aus nrc.next, 06.06.2007, und TNO

Hast du dein Leben lang hart gearbeitet, dann kannst du jetzt damit aufhören. Nimm dir Zeit, um neue Energie zu tanken, und zwing dich, nicht unentwegt weiterzuhetzen. *Teile dir deine Kräfte ein.* Mach Pausen. Pack dir den Kalender nicht mit Terminen voll. Nimm nicht mehr an abendlichen Sitzungen oder Versammlungen teil. Plane Zeit für Vergnügungen, für deine Kinder, für den Geliebten und für deine Freundschaften genauso, wie du deine Arbeit planst, sonst bringt es nicht viel.

»Ich bin hart zu mir selbst. Das Leben ist nicht nett zu mir.«
»Wenn ich im Ruhestand bin, will ich ehrenamtliche Tätigkeiten übernehmen.
Das muss sein. Ich darf nicht egozentrisch werden.«

Hüte dich vor dem Neid anderer Frauen. Deine Tatkraft kann jüngeren oder gleichaltrigen Frauen ein Dorn im Auge sein. Kümmere dich nicht um ihren Neid auf deine Energie und sag nicht brav: Ja, das ist schon anstrengend, diese Klassenfahrt nach Rom/diese Reorganisation unserer Firma/dreimal pro Woche vierzig Bahnen zu schwimmen/nur für ein Wochenende auf eine Wattenmeerinsel zu fahren. Sie geben dann zwar schnell Ruhe, und du bist sie los, aber nur, weil du netterweise ihrem Selbstbild entsprichst.

Umgekehrt: Wenn du keinen Ehrgeiz hast, wenn du keine Berge versetzen möchtest, dann lass dich auch nicht dazu zwingen, nur weil andere es tun. Wehre dich vor allem gegen mitleidige Blicke. Die Notwendigkeit, den Schein zu wahren, nimmt immer weiter ab. Sag einfach nein und begründe nicht weiter, warum du nicht in den Elternbeirat gewählt werden willst/dich nicht an der Umstrukturierung deiner Firma beteiligen willst/keine Lust hast, ins Schwimmbad zu gehen, und Joggen in deinen Augen etwas für Idioten ist/einen Theaterbesuch pro Halbjahr ausreichend findest.

Lass dich nicht unterkriegen. Wenn du dir Kritik zu sehr zu Herzen nimmst, läufst du Gefahr, auf ein produktives Leben, wie es dir vorschwebt, zu verzichten. Dann wirst du missmutig.

VOR DEM SPIEGEL

»In den Spiegel zu schauen macht keinen Spaß mehr.«
»Ich sehe mir immer weniger ähnlich.«

Wir schieben einen Einkaufswagen durch den Supermarkt und sehen eine grauhaarige Frau. Die hat ja den gleichen Mantel an wie ich, denken wir. Doch im selben Moment wird uns die schreckliche Wahrheit bewusst: Die Frau sind wir selbst, in fahlem Licht, in einem Spiegel.

Leider, leider. Wir sind ganz schlechte Spiegelgucker. Was wir im Spiegel sehen, stimmt selten mit unserem Selbstbild überein, und wir sind auch nicht gerade erpicht darauf, dieses Bild zu korrigieren.

Wir sehen uns, aber wir erkennen uns nicht. Wir erwarten etwas anderes, etwas Straffes, etwas Glattes. Etwas völlig Illusorisches, denn als wir uns am Morgen vor dem Spiegel die Zähne geputzt haben, war es auch nicht zu sehen. Trotzdem versetzt uns unser Spiegelbild immer wieder einen Schock. Dass das mit achtzehn, sechsundzwanzig und vierunddreißig Jahren auch schon so war, haben wir längst vergessen.

Müssen wir überhaupt in den Spiegel schauen? Müssen wir uns das antun? Können wir uns an dieses Spiegelbild gewöhnen? Werden wir irgendwann vielleicht nicht mehr enttäuscht sein?

Dennoch räumen wir den Spiegel nicht fort, sondern behalten ihn. Wir müssen nun mal überprüfen, wie wir aussehen. Nichts zu machen.

Wir sollten kritisch, aber mit Erbarmen in den Spiegel schauen. Sogar mit Freude. Unsere Vorzüge kennen wir inzwischen, also sehen wir dort zuerst hin: das glatte Dekolleté oder der schöne Augenaufschlag, das glänzende Haar oder der straffe Po. Dann dürfen wir – in Maßen – kritischer werden. Ist das etwa ein Bäuchlein? Was sind das für Wülste? Wir betrachten die Pluspunkte. Am besten zusammen mit einem Menschen, der uns gerne mag. Frag ihn oder sie: Was findest du an mir am schönsten? Und schenke der Antwort Glauben. Kann man sich an den Spiegel gewöhnen? Leicht ist das nicht, aber es gibt ein paar Tricks:

»Einen großen Spiegel besitze ich gar nicht, nur den in meiner Puderdose.«

»Jetzt, da ich älter werde, betrachte ich mich als etwas Angenehmes.«

»Ich habe ein Spiegelgesicht. Ich flirte mit mir selbst.«

»In einer Schaufensterscheibe wirkt man schlanker, die Beine wirken länger. Seit ich das weiß, ist keine Schaufensterscheibe mehr vor mir sicher.«

»Ich sehne mich nach dem Tag, an dem ich das Älterwerden akzeptiere, an dem ich denke: Ja, ich bin alt. Dann bin ich eben alt. Hoffentlich mache ich auch etwas daraus.«

Quellen: Ad Bergsma: *Succesvol verouderen*. Lelystad 2006. Vortrag von Dorly Deeg, Professorin für Epidemiologie des Alterns.

DER MANN

Bitte immer daran denken:
Männer sind was Schönes.

Wir wollen nichts davon wissen. Wir leugnen es. Allein der Gedanke – das wäre ja noch schöner! Und dennoch: Was Frauen tun und lassen, das tun und lassen sie oft für einen Mann. Frauen wollen nun mal gefallen, und zwar allen Männern. Das macht sie abhängig von deren Urteil. Wenn sie älter werden und dem Bild der fruchtbaren jungen Frau nicht mehr entsprechen, macht diese Abhängigkeit sie verletzbar. Abhängigkeit ist die Schwester der Ohnmacht. Verletzbar zu sein ist an sich nicht falsch, aber es darf nicht in Ohnmacht ausarten.

Vergessen wir eines nicht: Männer sind zwar wichtig, wir lieben sie, können mit ihnen lachen, brauchen ihre Fürsorge und Aufmerksamkeit, aber die Wahrheit haben sie nicht gepachtet. Und die Weisheit schon gar nicht.

Was unser Äußeres betrifft zum Beispiel – richten wir uns da nach dem Urteil der Männer? Ein bisschen schon, in einem wichtigen Punkt jedoch ganz bestimmt nicht. Denn würden Frauen ihr Äußeres dem Urteil der Männer anpassen, dann wären sie schon mal gleich zehn Kilo schwerer. Männer haben andere Normen, das wissen wir, trotzdem handeln wir nicht danach. Die meisten von uns achten auf ihre schlanke Linie.

Früher, als wir so um die zwanzig, fünfundzwanzig waren, da war es uns noch wichtig, wie die Jungs uns fanden. Heute kleiden wir uns so, wie es uns selbst gefällt, und wir merken, dass wir damit richtig liegen. Wir verstehen etwas davon, sie nicht. Wir wissen, was wir tun – lassen wir uns also nicht beirren.

Den Männern in einem Outfit zu gefallen, in dem wir uns auch selbst wohl fühlen, ist nicht allzu schwierig. Wir müssen dazu nur drei Dinge beachten.

DREI FAUSTREGELN

Trage taillierte Kleidung, die eng anliegt oder die Figur auf andere Weise betont. Trau dich das auch, wenn du zu dick oder zu dünn bist. Achtung: Enganliegend ist nicht dasselbe wie zu eng. Wähle

• ein Kleid mit weitem Rock oder schmaler Taille,

- eine Bluse mit U-Boot-Ausschnitt (Schlüsselbeine sind ein Schmuck, den die Natur uns geschenkt hat),
- eine Hose, die den Po betont,
- ein Kostüm mit engem Rock und einer Jacke mit tiefen Abnähern.

Ignoriere modische Launen, sofern sie zeltartige Hosen, Kleider oder Jacken vorschreiben.

Zeige Dekolleté. Aber bitte kein zu tiefes. Weder Endlosspalt noch wogendes Fleisch. Ein zu tiefes Dekolleté kann nerven – ihn (er kann die Augen nicht davon lassen, und das ist lästig) genauso wie dich selbst (vielleicht gefallen dir seine Blicke ja, aber irgendwann ärgerst du dich, weil kein Gespräch mehr möglich ist). Dein Dekolleté wirkt nur, wenn du selbst damit zufrieden bist. Du musst es mit Stolz zeigen. Eignen sich deine Brüste nicht dafür, dann deute es nur an, etwa mit einem V- oder einem etwas tieferen runden Ausschnitt.

Trage schöne Unterwäsche. Auch hier ist Chic angesagt, und in den zu investieren ist ein Muss. Billige Wäsche können sich nur schlanke, junge Frauen leisten.

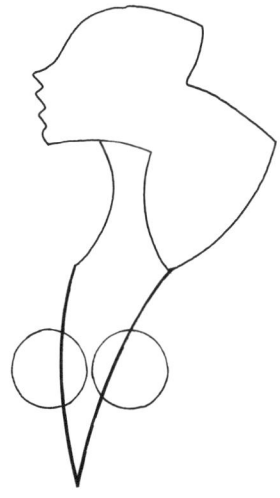

Vergiss Stringtangas, die gehen gar nicht. Schon jenseits der dreiundzwanzig wirken sie deplaziert, jenseits der vierzig erst recht. Außerdem zeichnen sie sich unter enger Kleidung ab und können so das Männerauge in Verlegenheit bringen. BHs sind ausschließlich dazu da, die Brüste schöner zu machen. (Siehe auch: Unter der Basisgarderobe, S. 174.) Schöne Unterwäsche empfiehlt sich außerdem für den Besuch beim Physiotherapeuten und bei anderen Körperpflegern. Das ist eine Frage des Respekts und des guten Geschmacks.

Zusätzliche Faustregel:
Bestimmen Männer den Dresscode in deinem Umfeld, dann passe dich auf keinen Fall ihren blauen oder grauen Anzügen an. Ignoriere das ungeschriebene Gesetz für Karrierefrauen und Sekretärinnen, das »uni« und »gedeckt« vorschreibt und keinen Raum für Accessoires, Farben, Karos oder Streifen lässt. Vermeide weibliche Varianten von Herrenbekleidung. An jungen Frauen mag so etwas witzig und sogar sexy wirken, wenn du dagegen die vierzig überschritten hast, machen sie dich zur grauen Maus. Du trägst, was zu dir passt. Du lässt dir nicht weismachen, dass du dich der Norm unterzuordnen hast.

Sollte das jemand nicht in Ordnung finden, so kümmere dich nicht darum – das kann dir nun wahrlich egal sein.

MÄNNERGESCHWÄTZ

In Sachen Kleidung pfeifen wir darauf, was Männer wollen (oder zu wollen glauben), und ziehen uns an, wie es uns passt. Was dagegen das durchschnittliche Männerurteil über nicht mehr ganz junge Frauen angeht, sind wir uns unserer Sache gar nicht so sicher.

Da steht einer. Lichtes Haar, bläuliche Ringe unter den Augen, Bierbauch. Er schwitzt, denn er hat am Deo gespart. Ende vierzig dürfte er sein. Mit Feuereifer zieht er über Frauen »in den Vierzigern« her, die angeblich alle Leggings tragen. Du denkst an all die Männer, die in Jogginghosen aus dem Haus gehen, als kämen sie direkt aus dem Bett. Trotzdem hältst du den Mund. Den Mann zur Vernunft bringen? Vergiss es.

Viele Männer verkünden lauthals, dass Frauen ab einem gewissen Alter in der sexuellen Arena keine Rolle mehr spielen. Zugleich wiegen sie sich in dem sicheren Glauben, sie selbst würden mit zunehmendem Alter sexuell immer attraktiver. Vielleicht legen sie deshalb so oft das Draufgängertum eines Dreißigjährigen an den Tag.

Spielt man das Spiel nicht mit, werden sie sauer. Dabei braucht man sich nur umzusehen: Männer altern auf weniger anziehende Weise als Frauen. Sie werden kahl, sie gehen aus dem Leim, sie achten meist zu wenig auf ihr Äußeres.

Trotzdem scheinen ältere Frauen einen geringeren Stellenwert zu haben als ältere Männer. Das bestätigen sie sogar selbst. Frauen protestieren selten, wenn Männer über sie herziehen. Allzu oft stoßen sie sogar in dasselbe Horn, vielleicht um zu beweisen, dass sie nicht in die Kategorie »frustrierte Alte« fallen.

Macht das die Frauen froh? Nein – im Grunde beschimpfen sie sich nämlich nur selbst. Sie haben keine Lust, sich in die Defensive drängen zu lassen, und kapitulieren von vornherein.

EIN GEGENGIFT GEGEN MÄNNERGESCHWÄTZ

Blicke nicht zu Männern auf. Akzeptiere keine Wichtigtuerei. Gibt ein Mann irgendwelchen Unsinn über »deinesgleichen« von sich, nimm ihn nicht ernst und lass ihn das auch spüren. Fehlt es ihm an sozialem und emotionalem Verständnis, beende das Gespräch umgehend. Männer müssen genauso viel zu bieten haben wie Frauen. Ist das nicht der Fall, distanziere dich ruhig und verwende deine Energie auf etwas anderes.

Viele Männer haben Probleme mit dem Älterwerden. Ein Mann, der onkelhaft ist und dich nicht dafür kritisiert, dass du dich zu jugendlich gibst, ist unreflektiert jungenhaft und kritisiert dich dafür, dass du zu tantenhaft bist. Beide tun sich schwer mit dem

Älterwerden. Tappe nicht in die Falle, sondern begegne solchen Vorurteilen mit einem Scherz oder provoziere solche Männer durch selbstsicheres Auftreten. *Reagiere auf ihre Meinung mit einer Gegenmeinung.* Von einer Frau betrachtet zu werden, finden Männer schön. Es kann ihnen aber auch Angst machen. In dem Fall erklären sie meist mit Nachdruck, dass die betreffende Frau sie kein bisschen interessiert.

»Eine Glatze ist kein Problem, ein Schmerbauch dagegen schon.«
»Ich habe sie lieber groß und dick als klein und dünn.«
»Ich mag vergangene Pracht. Loser mag ich nicht.«
»Einem unbeholfenen Mann gebe ich gern mal einen Schubs.«

Nicht vergessen: Bis weit in die Siebziger sind Männer etwas Schönes. Frauen auch.

MÄNNER ALS KOLLEGEN

Am Arbeitsplatz können Männer heikel auf Frauen reagieren. Bis du ungefähr fünfzig bist, gehen sie davon aus, dass du dich anpasst. Tust du das nicht, bist du eine Bedrohung, vor allem wenn du gute Arbeit leistest und außer deiner Lebenserfahrung auch die nötige Energie mitbringst, deine Ziele zu verfolgen. Hast du obendrein Familie, kann es passieren, dass sie dich als verrückt und verantwortungslos hinstellen. Lass dich davon nicht ins Bockshorn jagen.

Gib Kontra. Reagiere allerdings so fröhlich wie irgend möglich. Damit neutralisierst du nicht nur unberechtigte Kritik, du entwaffnest dein Gegenüber auch: Gegen ein Lächeln sind Männer nämlich praktisch wehrlos. Wirst du dagegen sauer und versprühst Gift, bestätigst du nur ihre Vorurteile.

Rechtfertige dich nicht. Wenn du gefragt wirst, wie du so was nur tun kannst – etwa ohne die Familie in Urlaub fahren –, dann sag, dass es auch im Sinne der Familie ist, denn du kommst ausgeruht und als ein netterer Mensch zurück. Will jemand wissen, wie du Beruf und Familie unter einen Hut bringst, dann stell dir vor, er würde diese Frage erst mal den männlichen Kollegen stellen.

Rechtfertige dich auch nicht als berufstätige Mutter. Fragt dich ein Kollege scheinbar besorgt:»Geht das denn mit den Kindern? Brauchen die dich nicht zu Hause?«, dann antworte:»Manchmal fehlen sie mir, aber alles in allem klappt es sehr gut.« Dabei belässt du es.

Wenn du fünfzig bist, schwindet das Misstrauen. Dann sind deine Kinder erwachsen, und du bist keine so große Bedrohung mehr. Endlich kann man dich als das betrachten, was du bist: eine kompetente Frau, die gute Arbeit leistet.

DIE ÜBERRASCHUNG: DER UMGANG MIT MÄNNERN WIRD ANGENEHMER

»Früher konnte ich nicht akzeptieren,
dass Männer mich schön finden. Inzwischen kann ich es.«
»Seit ich vierzig bin, behandeln mich die Männer nicht mehr wie Luft,
und so soll es auch bleiben.«

Als du vierzig wurdest, hast du es nicht erwartet, doch auch mit fünfzig ist es noch so: Du bist nach wie vor begehrenswert. Du merkst es an den Blicken der Männer, an ihren Scherzen, ihrer Herzlichkeit. Das ist alles nichts Neues, du kennst es von früher. Aber damals war es dir oft unangenehm und hat dich nervös gemacht: Was will der Mann von mir? Heute magst du es. Er will nichts und du auch nicht.

»Ich darf mich jetzt ruhig ein bisschen erotisch geben. Ohne Konsequenzen.«

Auf der Straße hast du keinen Ärger mehr mit lästigen Männern, genauso wenig wie auf Partys. Was das betrifft, ist das Leben einfacher geworden. Du suchst dir die Männer aus, für die du attraktiv sein willst. Alte Freunde, neue Freunde, ein gewisser Kollege. Du gefällst ihnen, sie gefallen dir. Genau das wird spielerisch zum Ausdruck gebracht, mit den Methoden von früher, jedoch ohne die obligaten Folgen. Weil du sie magst und weil sie dich mögen.

Manchmal willst du einfach nur herausfinden, ob ein bestimmter Mann dich attraktiv findet. Ohne Konsequenzen. Unsicherheiten – etwa das Warten auf einen Anruf oder die Angst, einen Korb zu bekommen – spielen keine Rolle mehr.

FLIRTEN

Für gute Laune gibt es kaum ein besseres Rezept. Auch wenn es nichts zu bedeuten hat und oft nur ein kurzer Moment ist.

>> »Auf der Straße schauen mir die Männer nach,
und zwar viel häufiger als früher.«
»Ich komme auf meinem Familienfahrrad mit Packtaschen und
Kindersitz angefahren, und trotzdem pfeifen mir die Männer nach.«

Derartiges Interesse lässt du dir gern gefallen, umso mehr, als du kein so dringendes Verführungsbedürfnis mehr hast wie mit dreißig. Du spielst ein Spiel, reagierst locker. Du denkst nicht mehr: Was bildet der Kerl sich eigentlich ein? Du denkst: Super, mein Typ ist noch gefragt. Es gefällt dir, denn es bestätigt dich. Die selbstverständliche Anziehungskraft der Jugend kann es nicht mehr sein, der Flirt von heute hat andere Auslöser. Er gilt deiner Haltung, deiner Ausstrahlung. Er gilt dir.

»Im Supermarkt hat mich eine Frau interessiert gemustert. Sie hat sich dafür entschuldigt und mir ein Kompliment über mein Aussehen gemacht. Ich war noch tagelang ganz aufgekratzt.«

FLIRTEN IST GESUND

In deinem Alter kannst du mit jedem flirten, auch mit zwanzig Jahre jüngeren Männern und sogar mit Frauen. Die Kunst des Flirtens zu beherrschen macht alles leichter, gerade weil es zu nichts führen muss. Es dient dem Zweck, das Leben angenehm zu machen.

Flirten löst Probleme. Es lockert Beziehungen auf, es entschärft Differenzen und Konflikte, es hilft schwierige Situationen zu relativieren.

Flirten ist eine Variante des Kompliments. Es ist gut für dein Ego, genauso wie für das Selbstvertrauen des anderen.

Flirten ist Freundlichkeit. Du stehst irgendwo Schlange/du bestellst einen Kaffee/du wartest, bis du dran bist – mach was draus!

»Mit manchen Männern kann ich nur deshalb umgehen, weil ich mit ihnen flirte.«

Eine flirtende Frau gefällt jedem Mann, weil Flirten eine Form von Lebenskunst ist. Männer geben einen Wink und erwarten eine nette Reaktion. Umgekehrt halten wir es genauso. *Flirten mit jungen Männern – warum nicht?* Männern macht es Spaß, mit einer älteren Frau zu flirten. Denn Flirten ist Geselligkeit pur: ein Spiel ohne Folgen. *Flirten heißt nicht Stielaugen machen.* Mach dich nicht lächerlich, gib auch nicht die kesse Alte, sondern bleib ganz natürlich und verkrampfe nicht. Mach keine Angebote, die du nicht einlösen kannst. Ein Flirt muss jederzeit locker und charmant bleiben.

DIE FALLSTRICKE

Zwischen dreißig und vierzig sind manche Männer knallhart und ungenießbar. *In den Vierzigern* kann Männern das Testosteron schwer zu schaffen machen. Wenn du sie anflirtest, ist ihnen das oft zu direkt. *Mit Ende vierzig* lassen sich Männer von Frauen über vierzig dagegen wieder verzaubern.

JUNGE MÄNNER

»Junge Männer kamen in meinen Fantasien noch nie vor.«
»Ich betrachte keine Männerkörper. Muskeln, Beine –
das interessiert mich nicht.«

Alt fliegt auf jung, so will es die Tradition. Unsinn: Alternde Frauen sind an jungen Männern nur selten erotisch interessiert. Es wäre auch komisch, wenn es anders wäre. Mädchen fliegen auf Jungen, die älter sind oder männlicher als ihre Klassenkameraden. Wieso sollten Frauen über vierzig sich anders verhalten? Auf ungleiche Beziehungen stehen Frauen im Allgemeinen nicht.

Junge Männer können fantastisch aussehen. Aber sie wissen selten mit reifen Frauen umzugehen. Sie reden begeistert von Dingen, die für uns längst Schnee von gestern sind. Nicht dass sie was dafürkönnten, aber was die alles nicht wissen! Wir kommen uns dann vor wie ihre Mutter und nicht wie eine potenzielle Geliebte.

»Mein Mann war sieben Jahre jünger als ich. Niemand hat den Altersunterschied bemerkt, nur er selbst ist ständig darauf herumgeritten. Ich habe mich nie mehr jung gefühlt, immer war ich die Ältere.«

MEIN MANN

Wir sind heute klug genug, für uns selbst sorgen zu können, dennoch ziehen viele von uns es vor, ihr Leben mit einem Partner zu teilen. Denn mit Freundinnen ist zwar vieles möglich, aber das eine eben nicht. Eine gute Beziehung gewährleistet einen steten Strom an Zusammengehörigkeit und Kontinuität, an Vertrautheit und Gesprächen. Mit einem Mann zusammenzuleben ist angenehm, wenn man älter wird: Man ist aufeinander eingespielt, man fühlt sich geborgen. Ihr habt eine gemeinsame Vergangenheit, ihr habt gemeinsame Kinder und Erinnerungen. Er weiß, wie du früher warst, du weißt, wie er früher war. Wenn es gutgeht, haltet ihr euch gegenseitig jung.

»Mein Freund sagt:
›You may be sixty –
but you're a girl to me.‹«

Ein guter Partner stärkt dein Selbstvertrauen. Er bestätigt dir, dass du toll bist, auch wenn du längst kein junges Mädchen mehr bist. Würde er nicht mehr mit dir flirten, würdest du mit dem Gedanken spielen, ihn zu verlassen. Du bist inzwischen lebensklug genug, um zu wissen, dass er dir alles geben kann. Du brauchst Frauen, Kolleginnen, Freundschaften, die nichts mit ihm zu tun haben. Du weißt, dass ihr notfalls ohne großes Drama auseinandergehen könnt. Doch ihr tut es nicht.
Gegenseitige Anbetung ist selten das Geheimnis einer glücklichen Beziehung. Du musst deinen Partner ein bisschen idealisieren, besonders vor Dritten. Betone seine Qualitäten, mach ihn schöner, als er ist – und glaube auch daran. Selbst wenn dein Mann krank wird oder das Gedächtnis verliert – du teilst etwas mit ihm, was du mit keinem anderen Menschen teilst.

»Mein Mann wurde zum Pflegefall und kam in ein Heim.
Ich habe mir eine Wohnung gegenüber genommen und meine Ehe
weitergeführt. Jeden Morgen und jeden Abend war ich bei ihm,
egal wie spät es wurde. Schöne Jahre waren das.«
»Es ist mir wichtig, dass er da ist, auch wenn er kaum noch etwas
wahrnimmt. Manchmal knufft er mich. Dann denke ich, Gott sei Dank,
er hat noch Pep. Beim Weggehen frage ich: ›Liebst du mich noch?‹
Dann sagt er ganz laut: ›Nein!‹ Und ich denke, er meint Ja.«
»Ich bekomme nicht mehr viel von ihm zurück.
Aber ich liebe ihn noch immer.
Er liegt da, und wenn er dann so schaut,
lasse ich Musik laufen. Er ist mein Mann.«
»Die Leute sagen: ›Toll, wie du das machst.‹
Aber ich empfinde es nicht so. Ich tu's einfach.«

Wenn die Liebe in geregelten, dauerhaften Bahnen verläuft, hast du die Chance, dich auf andere Dinge zu konzentrieren. Liebe ist ein Kompromiss. In der Theorie wusstest du das bereits, aber wenn du mit deinem Partner zusammen älter wirst, erlebst du es auch in der Praxis. *Du fühlst dich geborgen.* Ihr habt viel gemeinsam, und in diesem harmonischen Umfeld bekommt ihr eure Kinder. Um das sicherzustellen, habt ihr euch Treue versprochen, nicht um monogam zu leben. *Ehepaare halten einander frisch.* Gutaussehend, interessant, eigenwillig. Aber das kommt nicht von allein, daran haben sie jahrelang gearbeitet. *Der falsche Partner ist eine Katastrophe.* Vertrautheit darf nicht zum Gefängnis werden, Bewunderung nicht zur Zwangsjacke, eine Beziehung nicht zur Falle. Entpuppt sich dein Partner im Lauf der Jahre als strenger Vater, der dich zum Beispiel am liebsten vor Dritten kritisiert, oder geht er immer wieder fremd und verlangt von dir, dass du ihn mit einer anderen Frau teilst, dann wird es Zeit, dass du dir Gedanken machst. Verdirbt er dir den Spaß, wenn du vergnügt bist, oder holt er dich im Pyjama aus der Hotelbar ab, solltest du den Tatsachen ins Auge sehen: Es ist vorbei. *Das lasse ich nicht zu.* Dafür bin ich mir zu schade. Ich habe noch mindestens zwanzig, dreißig, vierzig Jahre vor mir, aber mit diesem Mann geht das nicht.

Umgekehrt: Wenn du es nicht lassen kannst, jede Regung deines Partners mit einem schneidenden Kommentar zu versehen, oder wenn seine Hand auf deinem Schenkel dir wieder mal einen Schauder über den Rücken jagt, dann wird es Zeit, dass du dir Gedanken machst.

Wenn Ärger an der Tagesordnung ist und der Wunsch, einander zu sehen, sich verflüchtigt hat, wenn du sein Leben kaputtmachst, weil er deines zerstört, dann wird es höchste Zeit, dass du dir Gedanken machst. Und sei es nur, weil täglicher Ärger dich schneller altern lässt.

»Nach jahrelangem Martyrium wurde ich geschieden. Es war schrecklich. Dass es sein musste, habe ich erst begriffen, als ich das ganze Elend hinter mir hatte.«

»Meine Rettung war die volle Konzentration auf meine Arbeit.«

»Ich habe meinen Mann vierundzwanzig Jahre lang geliebt, aber irgendwie war bei mir in Sachen Liebe immer noch ein Platz frei. Der ist jetzt besetzt.«

- *Es ist leichter gesagt als getan.* Wie weiß man genau, wann der Moment gekommen ist, zu sagen: Es ist aus und vorbei?
- *Vertrau auf dein Gefühl.* Wenn du ehrlich zu dir bist, weißt du genau, wann es vorbei ist.
- *Mach dir bewusst: Du bist stark,* du hast viel erlebt, dir macht niemand mehr etwas vor.
- *Alleinsein ist möglich,* auch für dich. Du kannst sogar ungeahnt aufblühen.
- *Wenn eine belastende Beziehung zu Ende ist,* weißt du, was dir die ganze Zeit gefehlt hat: du selbst.

- *Investiere nicht in einen Partner,* nur weil du alt wirst.
- *Überlege,* ob du besser Schluss machen solltest, so schrecklich dir das auch erscheinen mag und sosehr das Alleinsein dir Angst macht.
- *Bedenke:* Wenn du dich aus einer schlechten Beziehung befreit hast, tut sich eine neue Welt für dich auf.
- *Sicherheit wird immer unwichtiger,* je älter du wirst. Zukunftssicherheit gibt es ohnehin nicht. Es liegt in deiner eigenen Verantwortung, die Zukunft mit Geschick und Eleganz anzupacken. Diese Zukunft wird immer kürzer. Ob du alt wirst, weißt du nicht. Aber wenn, dann gilt es, unter möglichst anregenden Umständen alt zu werden.
- *Macht dein Partner dein Leben nicht fröhlicher,* musst du dich für dich selbst entscheiden.

OHNE MANN, OHNE PARTNER: JA

Nur aus Statusgründen mit einem Mann zusammenzuleben kann schlimmer sein, als gar keinen Partner zu haben. Deine Identität hängt nicht von einem Partner ab. Dein Leben ist ausgefüllt, und es ist dein Leben. Das macht dich zufrieden. Du bist deine Freiheit gewohnt, du hängst an ihr, du hast keine Lust, (wieder) bloß eine Kopie deiner selbst zu sein. Du schreckst davor zurück, aus Angst vor dem Alleinsein Zugeständnisse zu machen.

»In einem Restaurant fiel mir eine Frau auf.
Da sitzt sie nun mit ihrem Mann und einem befreundeten Ehepaar,
dachte ich. Und plötzlich war ich so froh, dass ich ungebunden bin.«

OHNE MANN, OHNE PARTNER: NEIN

Du bist geschieden, du lebst allein. Du kommst prima zurecht, aber du hättest doch gern wieder einen Mann an deiner Seite. Oder du hältst das Alleinsein nicht aus. Ohne Mann fühlst du dich nun mal unvollständig. Du suchst einen neuen Partner.

»Ich könnte das nicht mehr: zusammenwohnen,
einem Mann die Unterhosen waschen und all so was.
Aber eine Beziehung hätte ich schon gern, jetzt,
wo mein Mann nicht mehr da ist.«

MEIN ZWEITER MANN
(ODER DER DRITTE ODER …)

Der Heiratsmarkt ist eng. Jenseits der fünfunddreißig wird es schon schwieriger, einen Partner zu finden. Je älter man wird, desto weniger Chancen und desto weniger Auswahl hat man.

»Ich arbeite ehrenamtlich in einem Seniorenclub, wo ich hinter der Bar stehe. Immer wenn ich mir die Männer ansehe, denke ich: Von denen will ich keinen geschenkt haben.«
»Was soll ich mit einem geschiedenen Mann?
Seine Frau hat ihn sicher nicht umsonst verlassen.«

Trotzdem wirst du dich wundern, was noch alles passieren kann: wer dir über den Weg läuft, was ganz unerwartet an Gefühlen in dir aufkommt, was du genießen kannst.
Ein neuer Freund – es ist schön, dass er da ist, und er ist dir umso lieber, als du ihn nicht unbedingt brauchst.
Verliebtsein mit fünfzig ist genauso schön wie mit achtzehn. Vielleicht sogar schöner. Die Liebe kann auch jetzt noch heftig zuschlagen, mit weichen Knien, Schmetterlingen im Bauch und dem ganzen Drum und Dran. Mit achtzehn warst du noch schrecklich unsicher – das ist jetzt viel besser. Der Freund von damals durfte auf keinen Fall merken, dass du einen Pickel hattest. Den Freund von heute stört eine kleine Unebenheit nicht.

»Ich bin sechzig, er ist neunundsiebzig, ein gebrechlicher alter Mann.
Ich muss ihm den Koffer die Treppe hinauftragen und suche jetzt eine Wohnung in einem Haus mit Aufzug.«
»Diese Verliebtheit … Dass wir noch so verliebt sein können …«
»Noch einmal eine große Liebe – das hatte ich nicht für möglich gehalten.
Vielleicht hat mich das mit meinem Alter ausgesöhnt:
Es spielt gar keine Rolle.«

DER MANN, DER VATER

»Als mein Sohn aus dem Haus ging, fingen die Probleme in meiner Ehe an.
Ein neues Leben für ihn, ein neues Leben für mich, dachte ich.
Und ging. Aber das neue Leben war eine Illusion.
Die Befriedigung, die ich suchte, habe ich nicht gefunden.«

Die Kinder gehen aus dem Haus, und du bleibst mit deinem Partner allein zurück. Dass ihr sie gemeinsam großgezogen habt, hat ein einzigartiges Band zwischen euch geschaffen. Das fehlt nun, und älter wirst du auch noch. Du fürchtest, dass ihr euch bald nichts mehr zu sagen habt. Aber das muss nicht sein.

Schmiede Pläne. Deine Kinder brauchen nicht mehr so viel Zuwendung, du kannst dir dein Leben anders einteilen und hast jetzt mehr Zeit, Dinge zu tun, die du gern tun möchtest – allein, mit deinen Freundinnen und natürlich auch mit deinem Partner. Das solltest du dir klarmachen. Von allein geht es nicht.

Werde aktiv, und zwar mit ihm gemeinsam. Nehmt euch Zeit für eure Pläne. Und beschränkt sie vor allem nicht auf den Urlaub, sonst bleibt alles beim Alten, wie vorher mit den Kindern, nur ohne Kinder. Und das wäre schade.

DER LIEBHABER

Ein Liebhaber, ein heimliches Verhältnis – keine so abwegige Idee, egal ob du nun fünfundzwanzig Ehejahre hinter dir hast oder fünfundzwanzig unabhängige Jahre ohne feste Beziehung. Am Anfang steht erst mal nur ein Gedanke: Hey, der Mann sieht die Frau in mir! Du musst wollen, und er muss dich attraktiv finden. Das ist angenehm und sorgt für Spannung. Ein Liebhaber gibt deinem Leben eine zusätzliche Dimension, er macht dich fröhlich und fraulich.

»Die Einstellung meiner Mutter: Such dir einen Mann und bleib bei ihm.
Die Einstellung meines Vaters: Warum hast du nicht an jedem Finger einen?«
»Manchmal fühle ich mich wie Honig für die Bienen.«
»Als mein Mann im Koma lag, hatte ich ab und zu einen Liebhaber.
Aber dann habe ich ihn mir genau angesehen und gedacht:
Was tust du da eigentlich?«

GRÜNDE FÜR EINEN LIEBHABER
- Du bist älter und klüger.
- Du traust dich mehr als früher.
- Du lässt dich überraschen.
- Du wirst begehrt, und das schmeichelt dir.
- Du möchtest wieder verliebt sein.
- Du willst wissen, ob du die Kunst des Verführens noch beherrschst.
- Du willst, dass man dich schön findet, auch jetzt noch, da dein Bauch nicht mehr so straff ist und deine Brüste nicht mehr so fest sind.
- Du bist neugierig. Auf einen anderen Körper, andere Liebkosungen, andere Geschichten.
- Du hast deine feste Beziehung satt: Verliebtheit ist ein hervorragender Fluchtweg.
- Du bist fröhlich wie lange nicht mehr.

»An meinem vierzigsten Geburtstag
habe ich plötzlich jemanden geküsst.
Einen sehr gutaussehenden Mann.
Das hat die trüben Gedanken vertrieben.
Seitdem brauche ich das öfter.
Ich will spüren, dass ich noch gefragt bin.
Meine Ehe ist glücklich, mein Mann weiß davon.«

ARGUMENTE GEGEN EINEN LIEBHABER

- Du scheust die Risiken.
- Du willst deinem festen Partner nicht weh tun.
- Du willst deinen festen Partner nicht verlieren.
- Du fürchtest, dein fester Partner könnte es dir mit gleicher Münze heimzahlen, und das würdest du nicht ertragen.
- Du scheust den Aufwand des Lügens und Betrügens.
- Du fürchtest die Schattenseiten des Verliebtseins: das Warten, die Sehnsucht, die Ungewissheit.
- Du lebst allein und fürchtest um deine Freiheit.
- Du hältst nichts von Erotik ohne feste Beziehung.
- Du glaubst, ein Liebhaber würde dir letztlich zu wenig Substanzielles bieten.
- Du willst dir keine Blöße mehr geben, weder buchstäblich noch bildlich.
- Du ziehst eine platonische Beziehung vor. Anders gesagt: Du nimmst dir einen Liebhaber, mit dem du viel teilst, nur nicht das Bett (oder die Dünen am Strand).

»Auf einmal gab es da einen Mann, der mir die Ruhe geraubt hat.
So etwas hatte ich seit zwanzig Jahre nicht mehr erlebt.
Es war wie eine Naturgewalt, und es beruhte auf Gegenseitigkeit.
In meiner Beziehung war es eine einmalige Ausnahme.
Erfüllung war uns nicht beschieden – Geheimnisse sind mir zu problematisch.
Aber es ist eine schöne Erinnerung.«

Du hast einen Mann kennengelernt, es hat gefunkt zwischen euch, doch das Risiko ist dir zu groß, und du schreckst zurück. Das ist dir alles zu kompliziert. Es bringt jede Menge Ärger, fürchtest du, und wenig Gewinn. Nein, lieber nicht.
Oder doch? Kein Problem, solange du dich an die *vier Gebote einer gelungenen Affäre* hältst.

1. SIE SOLLTE GEHEIM BLEIBEN

Behalte deinen Liebhaber für dich. Rede so wenig wie möglich von ihm und davon, was ihr so treibt. Gib stets vage Antworten auf neugierige Fragen (aber lüge nicht, denn die erfundenen Geschichten musst du dir merken). Hat man euch zusammen gesehen, dann sprich von »einem Freund« und lass die Leute rätseln. Betrachte deinen Liebhaber und dein sonstiges Leben als Parallelwelten. Sie zusammenzubringen würde beide verderben.
Drängt es dich mit Macht, über deine Affäre zu reden, dann frag dich, warum das so ist.
Möchtest du dich mit deinem Liebhaber schmücken? Dann willst du keinen Liebhaber, sondern Eindruck schinden. Dein Umfeld mit einer Eroberung beeindrucken – das lässt du besser bleiben. Gib mit etwas anderem an.
Möchtest du deinen festen Partner ins Bild setzen? Dann willst du dich durch den Liebhaber an ihm rächen. Oder du willst ihm unter die Nase reiben, dass du noch attraktiv bist. In diesem Fall ist der

Liebhaber eine Rosskur, die jedoch nichts bewirkt. Du willst keinen Liebhaber, sondern deinen festen Partner. Lass dir was anderes einfallen, um seine Aufmerksamkeit zu fesseln, ein Liebhaber wirkt da nur kontraproduktiv. *Möchtest du deinen Liebhaber an dich binden?* Und deshalb nicht länger diskret sein? Dann mündet die Affäre in eine feste Beziehung, und es wird Zeit für andere Vereinbarungen.

»Ich habe jemanden gebraucht, der mich schön findet,
auch wenn mein Bauch nicht mehr so straff ist.«
»Ein Liebhaber ist etwas Tolles, er begehrt mich, findet mich attraktiv.«
»Ich brauche das Adrenalin, die Verliebtheit,
nicht unbedingt den Sex.
Es ist einfach aufregend.«

2. SIE SOLLTE LOCKER BLEIBEN

Ein Liebhaber bereichert dein Leben, das ist Sinn und Zweck der Übung. Die Austern isst du mit deinem Mann, den Hering mit deinem Liebhaber. Mit dem einen führst du tiefschürfende Gespräche, mit dem anderen beobachtest du draußen in der Natur durchs Fernglas Vögel. Da du nicht mehr jung und unbeholfen bist, bedeutet Sex reinen Genuss. Ihr lauft euch irgendwann über den Weg, er zwinkert dir zu, und du bekommst fast einen Orgasmus. Ein Liebhaber ist nicht zum Problemewälzen da, sondern zum Vergnügen.

3. SIE SOLLTE UNVERBINDLICH BLEIBEN

Je älter du wirst, desto leichter gewinnst du Distanz zu den Emotionen, die dir in der Jugend so schwer zu schaffen gemacht haben. Dennoch: Loslassen ist schwer. Viele Frauen neigen dazu, sich fest an einen Mann zu binden – im Tausch gegen Sicherheit. Das haben sie getan, als sie jung und auf der Jagd nach einem Partner waren, und dieser Instinkt hat sich mit den Jahren kaum abgeschwächt. Für Männer ist Sex eine klare Sache, viele Frauen genießen Sex vor allem dann, wenn zu dem Mann eine emotionale Bindung besteht. Ohne die ist es für die meisten Frauen nur halb so schön.

Überlege dir, was du willst. Wenn du gebunden bist und es auch bleiben willst, mach dir das nachdrücklich klar. Vor allem, wenn dein Liebhaber ebenfalls nicht frei ist.

Mach dich nicht verrückt. Werde nicht nervös, wenn er mal nicht anruft oder eine Verabredung nicht einhält. Sich zurückgewiesen zu fühlen ist völlig fehl am Platz.

Erwacht dennoch der Wunsch nach mehr als einer lockeren Beziehung, dann frage dich ernsthaft, ob du sie genau mit diesem Mann willst. Überlege dir, ob er es wert ist, dass du deine Unabhängigkeit oder das Leben mit deinem festen Partner aufgibst.

4. SIE SOLLTE NICHTS MIT DEM JOB ZU TUN HABEN

Eine Affäre mit einem Kollegen ist immer schwierig, wenn nicht gar unmöglich. Schade, denn gerade am Arbeitsplatz fängt man leicht Feuer. Für kurze Zeit mag das durchaus schön sein, aber nirgendwo sonst steht man so sehr unter Beobachtung. Im Nu kommt man ins Gerede, und dann ist der Spaß schnell vorbei. Die destruktive Kraft von Klatsch und Tratsch solltest du nicht unterschätzen.

Ist die Affäre zu Ende, wird die weitere Zusammenarbeit schwierig, und einer von beiden sollte das Feld räumen. Da Frauen sich bevorzugt einen ranghöheren Liebhaber nehmen, Männer dagegen eine rangniedrigere Geliebte, wirst höchstwahrscheinlich du kündigen müssen – so ungerecht das auch sein mag. *Beginne niemals eine Affäre mit einem Untergebenen.* Das ist die einzige Regel, die strikt eingehalten werden muss. Tust du es dennoch, steuerst du auf eine Katastrophe zu, denn Liebe und Leidenschaft sind dann von vornherein mit deiner Macht verquickt.

»Ich möchte mich ab und zu mal verlieben.
Ich will wissen: Ach, schön, bald sehe ich ihn wieder.
Wir gehen zusammen aus, und er ist genauso verknallt wie ich.«

SEX

Lust bedeutet Lebenslust

Frauen ab vierzig haben immer weniger Lust auf Sex – zum Leidwesen ihrer Männer. Wenn sie sich doch mal dazu verführen lassen, dann ist die Qualität geringer und die Intensität weg. Wirklich? Von wegen: Je älter wir werden, desto besser und intensiver wird der Sex, weil wir ihn bewusster erleben.

Früher war Sex einfach da. Oder auch mal nicht so einfach. Mit achtzehn war er spannend, aber auch beunruhigend. Das Fiasko lag auf der Lauer: Mache ich alles richtig? Findet er mich womöglich komisch?

Heute ist Sex etwas Vertrautes für uns. Es geht entspannt dabei zu, es kommen andere Gefühle auf als früher. Die Lust geht tiefer, die Erregung verläuft gleichmäßiger. Denn das alles können wir jetzt ohne Scham zulassen. Wir haben keine Angst mehr, uns komisch zu benehmen oder eine lächerliche Figur abzugeben. Wir wissen, was Sex ist, uns braucht man nichts mehr zu erzählen.

Nicht nur der Sex ist uns vertrauter, wir wissen auch mehr als früher über unseren Körper und den des Mannes – das hat Vorteile. Wir sind selbstbewusster, müssen niemandem mehr etwas vormachen. Wir können sagen, wie wir es haben wollen und wie nicht. Wir können auf dem Partner spielen wie auf einem Instrument, schließlich kennen wir die Mittel und Wege.

Denn inzwischen wissen wir: Lust ist Lebenslust.

Das setzt unter anderem voraus, dass wir achtgeben und der Erotik nicht einfach ihren Lauf lassen. Wenn man etwas schleifen lässt, nutzt es sich ab, pflegt man es dagegen, bewahrt es seinen Glanz.

SEX UND KÖRPERLICHER VERFALL

Wider Erwarten hast du, was dein Äußeres betrifft, an Sicherheit gewonnen. Den Hängebusen findet er gerade schön, die Dellen in den Oberschenkeln nimmt er gern in Kauf, genauso wie du den Rettungsring um seine Hüften akzeptierst und gern über seinen wohlgerundeten Bauch streichst. Dafür hast du einen knackigen Po und einen samtweichen Bauch.

»Mein Freund fragt mich gelegentlich:
›Dir gefällt's also im Bett mit so einem alten Knacker?‹ Ja, mir gefällt's.«

Du denkst: Alles erschlafft, und er findet es trotzdem toll. Freu dich darüber, aber sprich es nicht aus. Er braucht nicht zu wissen, dass du in deinen eigenen Augen nicht mehr so schön bist, wie du mal warst. Dich zieht es runter, und ihn bringt es auf ganz und gar unnötige Gedanken.

DER SEX WIRD SCHÖNER (BALD)

Die Jahre zwischen vierzig und fünfzig sind für viele Menschen eine sexuell kontaktarme Zeit. Du hast alle Hände voll zu tun mit den heranwachsenden Kindern, mit der fortschreitenden Karriere, mit allem gleichzeitig. Und er auch. Für Erotik bleibt da kaum noch Zeit, selbst für einen Quickie bist du oft zu müde.

»Seit die Kinder da sind, muss ich mich dazu zwingen.«
»In der Hektik des Alltags werde ich sexuell zurückgepfiffen. Sex? Jetzt?
Erst muss das Frühstück gemacht werden. Echt schade.«
»Wenn man jung ist, entdeckt man den Sex.
Wenn man zusammen Kinder hat, ändert sich die Intimität.
Man geht mehr ineinander auf, weil man gemeinsam etwas geschaffen hat.«

Jenseits der fünfzig verändert sich etwas. Deine Karriere läuft.
Der Beruf fordert dich nicht mehr so sehr, du brauchst dich
nicht mehr ständig zu beweisen. Deine Kinder wachsen heran,
werden selbständiger, gehen aus dem Haus. Du hast wieder mehr
Zeit für dich und merkst, dass du auch wieder Lust auf Sex bekommst. Zeit macht Lust, und wenn man die nötige Ruhe dazu
hat, kann sich die Erotik zu großen Höhen aufschwingen.

DIE WECHSELJAHRE SIND NICHT DAS ENDE

Ob du Lust auf Sex hast oder nicht, hat nichts mit den Wechseljahren zu tun. Die Libido versiegt nicht. Auch nicht bei deinem
Partner. Das Einzige, worin sich die Wechseljahre bemerkbar
machen können: Die Vagina wird wie auch der übrige Körper
etwas trockener. Dagegen gibt es in jeder Apotheke Gleitmittel
zu kaufen, entweder als Zäpfchen oder Salben, und wenn du
nichts gegen schwereres Geschütz einzuwenden hast, kannst du
dir vom Hausarzt auch eine Östrogensalbe verschreiben lassen.
Ein weiterer Vorteil: Wenn du die Wechseljahre hinter dir hast,
brauchst du die Pille nicht mehr, die im Extremfall eine ziemlich
große Lustbremse sein kann. (Siehe Die Wechseljahre, S. 103 ff.)

»Jenseits der fünfzig ist wieder Sex angesagt.«
»Nach den Wechseljahren war meine Vagina trockener.
Aber dagegen kann man zum Glück etwas tun.«

MÄNNER WOLLEN IMMER, FRAUEN HABEN STÄNDIG KOPFSCHMERZEN

Es gibt leider beides: die Frau, die nicht mehr will, genauso wie den Mann, der nicht mehr will. Sex zwischen Partnern ist immer ein Bündnis. Dieses Bündnis einseitig aufzukündigen bedeutet, es auf die Probe zu stellen, auch wenn keine Untreue im Spiel ist und selbst wenn die streikende Partei einfach nicht anders kann.

>»In meiner Ehe hat Sex
>nie eine große Rolle gespielt.
>Das hat mir gefehlt.«

Wenn du keine Lust mehr auf Sex hast, solltest du das offen ansprechen. Sex ist weder deine Pflicht noch sein Recht. Willst du mit deinem Partner zusammenbleiben, musst du ihm deutlich machen, dass du ihn nach wie vor toll findest und nicht ohne ihn leben willst. Du brauchst kein Interesse am Sex zu heucheln, musst dir allerdings darüber im Klaren sein, dass er möglicherweise sein Heil bei einer Geliebten suchen wird. Überlege dir, ob du es wissen willst, wenn er fremdgeht, oder lieber nicht. Fass dir ein Herz und sprich mit ihm darüber.

Du kannst dich auch dafür entscheiden, dich zu opfern und deinen Partner mit gespielter Erotik zu bedienen. Schließlich liebst du ihn. Dir steht der Sinn nicht nach Sex, aber wenn er Spaß daran hat, freut es dich auch. Warum also nicht? Es kann sogar passieren, dass die Lust bei dir dadurch wieder erwacht.

>»Als er schwer krank war und einen Katheter hatte,
>habe ich ihn trotzdem befriedigt.
>Er hat es genossen,
>und ich hatte kein Problem damit.«

Erektionsprobleme deines Partners solltest du unbedingt ernst nehmen. Sag nicht: »Nächstes Mal geht's bestimmt wieder, jetzt wird das nichts«, denn dann fürchtet er, dass es kein nächstes Mal mehr geben wird. Und natürlich wird das wieder.

Mach ihm keine Vorwürfe, sondern sei solidarisch. Bemüh dich mit ihm zusammen um Hilfe. Geh mit ihm zum Hausarzt und eventuell zum Sexualtherapeuten. Nur mach seine Erektionsstörungen auf keinen Fall zu deinem Problem. Du stehst ihm bei, aber in eine Opferrolle darfst du nicht hineinrutschen. Nicht dass er dich am Ende auch noch trösten muss.

Hat dein Mann keine Lust mehr auf Sex, liegen die Dinge komplizierter. Ein Mann, der keine Lust mehr auf Sex hat, wird nicht so offen darüber reden wie eine Frau. Der Mann muss sich sexuell beweisen, sonst ist er nichts wert – mit dieser Einstellung ist er aufgewachsen. Männlichkeit ist ein Gebot, ein Beweis guten Benehmens. Aber er kann keine Erektion erzwingen, keinen Orgasmus vortäuschen.

Was soll er tun? Er braucht Sex nicht mehr unbedingt. Nicht weil er impotent wäre, weil er dich nicht mehr attraktiv fände oder weil er eine andere hätte. Er hat einfach das Interesse daran verloren. Er ist müde. Oder er ist zufrieden mit eurem Leben, so wie es ist. Sex? Ach, das war schön, als ihr frisch verliebt wart, inzwischen kann er sich jedoch nicht mehr dazu aufraffen. Zumindest glaubt er das. Er liebt dich, und das genügt, findet er. Er kuschelt sich in deine Arme, und während in deinem Bauch die Schmetterlinge umherschwirren und du dich mühst, ihn auf Trab zu bringen, schlummert er selig ein.

»Der Sex war bei uns das Schönste.
Jetzt will er nicht mehr, und das verunsichert mich.«

Findet dein Mann Sex unnötig, kann das eine mittlere Katastrophe sein. Selbst wenn er hundertmal erklärt, es liege nicht an dir, sondern an ihm – Sex ist einfach eine Bestätigung. Sex ist das Geheimnis zweier Liebender schlechthin, das Geheimnis, das ihr Zusammensein zu etwas Besonderem macht. Jetzt spielt er das Spiel nicht mehr mit, und das nagt an eurer Beziehung.

Zeig ihm, dass du diese Entwicklung bedauerst, dass du ihn nach wie vor attraktiv findest, dass du ihn begehrst. Aber erwarte keine Wunder. Und mach dir klar: Jammern hilft nicht, Nörgeln ist unattraktiv, und Streit bringt erst recht nichts.

KEIN SEX? DAS MUSS NICHT SEIN

Auch wenn dein Partner dich sexuell im Regen stehen lässt oder wenn du gerade keinen festen Partner hast: Auf sexuelle Freuden brauchst du deswegen nicht zu verzichten.
Flirte, das stimmt fröhlich und stärkt das Selbstwertgefühl.

Fantasiere, um deine Lustgefühle auszuleben.

Masturbiere, für dich allein oder, wenn ihr das mögt, vor seinen Augen, das kann genauso schön sein.

Nimm dir einen Liebhaber. (Siehe *Der Liebhaber*, S. 64). Letzten Endes wirst du deinen Partner auffordern müssen zu akzeptieren, dass du nicht ohne Sex leben willst.

Möchtest du mit ihm zusammenbleiben, so schaffe eine andere Form der Intimität. Wenn es mit dem Sex nicht mehr klappt, sucht euer gemeinsames Geheimnis in etwas anderem. Etwas Gemeinsamem. Etwas, worüber ihr gern redet und was nur ihr beide miteinander tun wollt. Das muss nichts Körperliches sein, es kann auch eine beliebige gemeinsame Leidenschaft sein: Kochen, Rudern, Rassehunde, Hardrock.

So etwas ist kein Sexersatz, aber es steht für das Band der Liebe – und darum geht es schließlich. Anderen mag es seltsam erscheinen, für euch ist es so intim wie die sexuelle Beziehung. Was es ist, spielt keine Rolle, wenn es nur seine Wirkung tut.

WENN DU KEINEN SEX MEHR WILLST

- Sag es ehrlich.
- Ignoriere Vorwürfe.
- Fang keinen Streit an.
- Akzeptiere, dass er ein Problem damit hat.
- Hilf ihm, damit klarzukommen.
- Sprich ihm nicht das Recht ab, sich zu befriedigen.
- Überlege dir, was du tust, wenn er möglicherweise fremdgeht.
- Ziehe vorgetäuschte Erotik in Erwägung.
- Überfordere dich nicht.

DER ALLTAGSTROTT – WAS TUN?

Sex mit einem langjährigen festen Partner bringt auf die Dauer zwangsläufig eine gewisse Routine mit sich. Irgendwann kennt man die Wünsche und Sehnsüchte des anderen in- und auswendig. Das ist zwar angenehm, aber auch ein bisschen langweilig. Das Alltägliche steht der Leidenschaft im Weg. Wir wissen, was wir miteinander tun, wann, wie und wie oft wir es tun. Tja. *Ein Liebhaber kann eine Lösung sein.* (Siehe *Der Liebhaber*, S. 64.) Er sorgt für Spannung und ermöglicht die Flucht aus mittelmäßig gewordenem Sex. Aber auch der Sex mit dem Liebhaber nutzt sich früher oder später ab. Was dann? Der nächste Liebhaber? Eine schnelle Nummer zwischendurch?

Ist Routine wirklich Alltagstrott? Du kannst auch zu dem Schluss kommen, dass Routine nichts Negatives ist, sondern erprobte Liebe. Gelingt dir das, musst du nicht ständig nach etwas Neuem Ausschau halten. Dann akzeptierst du, dass du das vertraute Fest zwischen den Laken immer wieder genießen möchtest, mit deinem Mann, deiner Partnerin oder deinem Liebhaber.

Ein Flirt. Die Eifersucht deines Partners hat mit den Jahren nachgelassen, was solche koketten kleinen Aktionen ungemein erleichtert. Flirten hält deinen Charme lebendig, Flirten ist erotischer Spaß, Flirten bringt dich auf Ideen. Also tu es. (Siehe *Flirten,* S. 51 ff.).

SEX DIENT DEM VERGNÜGEN

Sex muss angenehm sein. Sex muss Genuss bereiten, Freude, Wohlbehagen. Wenn du das begreifst, kannst du ihn in deiner »gewohnten« Beziehung auch nach Jahren noch genießen.

»Wenn ich vorher mit einem anderen Mann geflirtet habe, bin ich mit meinem eigenen Mann im Bett unschlagbar.«
»Ich bin strikt monogam, ich kann nicht anders.
Aber in meiner Fantasie bin ich's überhaupt nicht.«

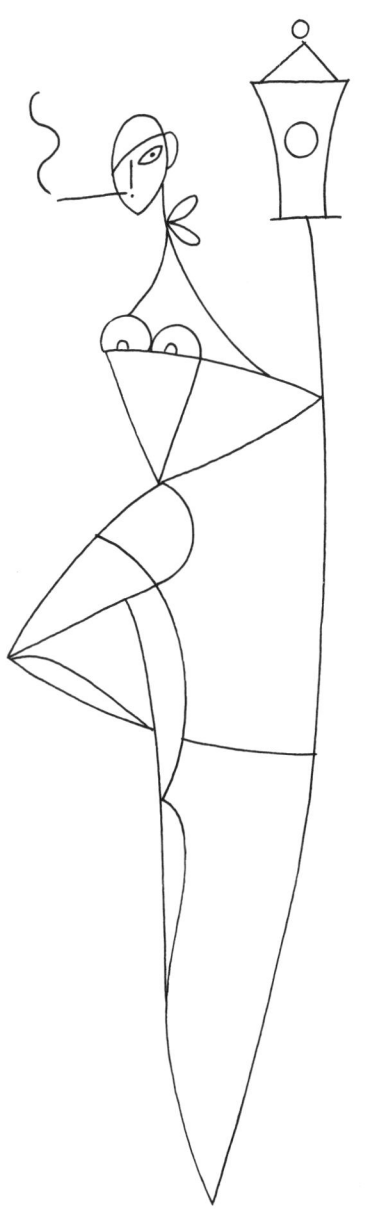

NICHT JAMMERN!

Gesund sein, gesund bleiben

»Über die eigenen Wehwehchen redet man besser nicht.
Man sollte diskret darüber hinweggehen.«
»Ich tue so, als sei das alles kein Problem.«
»Wenn ich mal nicht mehr laufen kann,
kaufe ich mir so ein rotes Autochen.
Dann kann ich doch noch Auto fahren,
denn dafür braucht man keinen Führerschein.«

Steife Muskeln und Gelenke sind die verbreitetsten Altersbeschwerden. Niemand kann ihnen entgehen – leider. Dass du steif wirst, weiß jeder, aber es geht keinen etwas an. Lass es dir nicht anmerken. Stöhne nicht, wenn du dich bückst, um etwas aufzuheben. Geh dazu in die Knie, das hilft. Ächze nicht, wenn du nicht an den Lichtschalter heranreichst. Stell dich auf einen Stuhl, dann klappt es.

Radfahren, Spazierengehen, Treppensteigen – Bewegung wird zur Pflicht. Bewegung hilft nicht nur gegen Steifheit und Osteoporose, sondern trägt auch dazu bei, das Gewicht zu halten. Obendrein hebt sie die Laune, denn sie regt die Ausschüttung von Endorphinen an, und das macht munter.

Wenn man Sport treibt, üben die Muskeln Zug auf das Knochengerüst aus, was sich wiederum günstig auf die Haltung auswirkt. Man sackt nicht so leicht in sich zusammen und hat eine Chance, eine schlanke Taille zu behalten. Bewegung fördert den Knochenumbau, was wiederum der Osteoporose entgegenwirkt, dieser typischen Frauenkrankheit, von der vor allem Raucherinnen, magere Frauen oder solche, bei denen die Wechseljahre früh eingesetzt haben, betroffen sind. Sport und Bewegung lassen außerdem den Cholesterinspiegel und einen zu hohen Blutdruck sinken.

»Vor einiger Zeit fing mein Körper an zu protestieren, als ich mir den Pullover auszog. Jetzt mache ich ein paarmal in der Woche Gymnastik, das wirkt.«
»Wir hatten einen Sexunfall. Wir waren gerade so richtig leidenschaftlich zugange, er schob mir die Beine auseinander, und plötzlich machte es knacks! Ich musste zwei Tage humpeln. Früher war ich viel gelenkiger.«
»Ich mache jeden Tag Übungen für den Rücken und die Hüften. Sonst komme ich kaum noch vorwärts.«

Fünf Mal in der Woche eine halbe Stunde Bewegung – das scheint viel, aber es ist das Minimum (mit dem Rad zum Einkaufen fahren zählt auch). Schwimmen ist ideal, weil das Wasser den Körper trägt und damit einer Überlastung vorbeugt. Selbst einfach nur spazieren gehen ist schon prima. Schaffen Sie sich einen Hund an, raten die Ärzte, dann müssen Sie zweimal täglich vor die Tür. Na ja, da muss man Hunde natürlich mögen.

Zu empfehlen sind auch Joggen und Walken. Trage dabei gut sitzende, federnde Schuhe und vermeide jede Überlastung. Sportarten, die extrem auf die Gelenke gehen, wie etwa Squash, sind riskant.

Morgens fünf bis zehn Minuten Dehn- und Streckübungen sind für Vierzigjährige durchaus anzuraten, für Fünfzig- und Sechzigjährige sind sie jedoch ein Muss, wenn sie elastisch in den Tag gehen wollen. Solche Übungen sind dazu da, schläfrige Muskeln wieder geschmeidig zu machen, jedoch nicht dazu, Kondition aufzubauen, und auch nicht dazu, stark oder schlank zu werden. Sie sollten einfach und kaum anstrengend sein. Das Wichtigste ist jedoch: Man muss dabeibleiben.

ÜBUNGEN AM MORGEN

FÜR DEN HALS
Kopf schwer nach vorn sinken lassen
Kopf schwer nach links sinken lassen
Kopf schwer nach rechts sinken lassen
Kopf schwer in den Nacken sinken lassen
Dabei jeweils bis zehn zählen.

FÜR DIE SCHULTERN
Zehn Mal die Schultern hochziehen
Zehn Mal die Schultern nach unten schieben
Zehn Mal die rechte Schulter nach hinten rollen
Zehn Mal die linke Schulter nach hinten rollen
Zehn Mal die rechte Schulter nach vorn rollen
Zehn Mal die linke Schulter nach vorn rollen
Die beiden Übungen am besten im Sitzen machen und darauf
achten, dass der Rücken gerade ist und die Bauchmuskeln ange-
spannt sind.

FÜR DIE SEITEN
Stemme die linke Hand in die linke Seite und richte den Rücken
gerade auf. Spanne nun Rücken- und Bauchmuskeln an. Hebe
den rechten Arm, zieh die rechte Hand bei angewinkeltem rech-
tem Arm über dem Kopf nach links und lass sie nachfedern.
Wiederhole die Übung auf der anderen Seite.
Zehn Mal ausführen, im Sitzen oder im Stehen.

FÜR PO UND HÜFTEN
Setz dich mit leicht gespreizten Beinen auf einen Stuhl, die Fuß-
spitzen zeigen nach vorn. Leg nun das rechte Fußgelenk auf
dein linkes Knie und zieh das rechte Knie so weit wie möglich

nach außen. Dabei spürst du, wie sich die Rückenmuskeln anspannen. Richte anschließend den Rücken auf, beuge dich nach vorn und lass dich einen Moment aushängen, so tief wie möglich. Federe zehn Mal vornüber.

Wiederhole die Übung mit dem linken Fußgelenk auf dem rechten Knie.

Setz dich im Schneidersitz aufs Bett (oder auf den Boden, wenn er dir nicht zu hart ist). Leg dir ein Kopfkissen unter die angewinkelten Beine und lass den Rumpf so schlaff wie möglich nach vorn hängen. Noch tiefer kommst du, wenn du mit den Fingern auf der Unterlage nach vorn krabbelst. Am tiefsten Punkt verharrst du und zählst bis zwanzig. Richte dich anschließend ganz langsam wieder auf.

EVENTUELL: FÜR DIE ALLGEMEINE BEWEGLICHKEIT

Mach zwanzig tiefe Kniebeugen und spann dabei Bauch- und Rückenmuskeln an. Achtung: Beim Aufrichten die Knie nicht ganz durchdrücken, sie sollten immer leicht gebeugt bleiben.

ALLGEMEIN: ACHTE STETS AUF DEINEN ATEM

Atme bewusst, ziehe die Luft durch die Nase ein und lass sie durch den Mund entweichen.

Achte bei jeder der Übungen darauf, wann du Kraft aufwendest. Atme aus, wenn du Kraft aufwendest.

Mit den morgendlichen Übungen beginnst du am besten schon vor deinem vierzigsten Geburtstag. Sie sind dann zwar noch nicht unbedingt nötig, aber die Muskeln gewöhnen sich schon mal daran, solange du noch elastisch bist. Ideal ist es, wenn die Gymnastik dir zum Bedürfnis wird, denn Muskeln haben ein Gedächtnis. Es ist deshalb von Vorteil, wenn du während der Schwangerschaft die obligaten Übungen für die Bauchdecke gemacht hast. Deine Bauchmuskeln werden sich daran erinnern, und nach einer kurzen Eingewöhnungszeit wissen sie wieder, was von ihnen erwartet wird. Dann laufen die Übungen wie geschmiert. Von den Beckenbodenmuskeln ganz zu schweigen. Fleißiges Trainieren kann dir noch zupasskommen. (Siehe *Urinverlust*, S. 100)

Hör auf zu rauchen. Rauchen ist sehr ungesund, und wer das noch nicht weiß, ist blind, taub oder Analphabet. Langfristig erhöht Rauchen das Risiko aller möglichen schlimmen Krankheiten, kurzfristig wirkt es sich zudem katastrophal auf Haut und Zähne aus. Außerdem bekommt man davon Falten. Jede Zigarette bewirkt eine zwanzigminütige Gefäßverengung. Das lässt die Haut grau werden, es erhöht den Kohlenmonoxid- und verringert den Sauerstoffgehalt im Blut. Die Folge ist Kurzatmigkeit.

Der Arzt: »Hören Sie auf zu rauchen, das ist das größte Geschenk, das Sie sich selbst machen können.«
Der Raucher: »Ich rauche achtzehn Zigaretten am Tag und höre dreimal in der Woche mit dem Rauchen auf. Jetzt lasse ich mich lasern.«
Der Ex-Raucher: »Wenn man jung ist, raucht man aus Angeberei. Heute weiß ich: Das ist keine gute Idee.«

Auch Alkohol wirkt sich mit zunehmendem Alter verheerend aus. Ist dir schon mal aufgefallen, dass du viel schneller beschwipst bist als früher und der Kater am Tag danach schlimmer wird? Hast du die roten Flecken bemerkt, die du nach ein paar Gläsern Wein im Gesicht bekommst? Hast du schon mal genau hingesehen, wie zerfurcht die Gesichter von Menschen sind, die kräftig trinken?

»Alkohol vertrage ich inzwischen nicht mehr so gut. Vor allem Bier ist gefährlich.«
»Ich trinke genauso viel wie früher, aber es dauert länger, bis ich wieder fit bin. Trotzdem: Wein ist etwas Herrliches. Oder Champagner. Oder Prosecco. Und mit Männern ein Cocktail.«

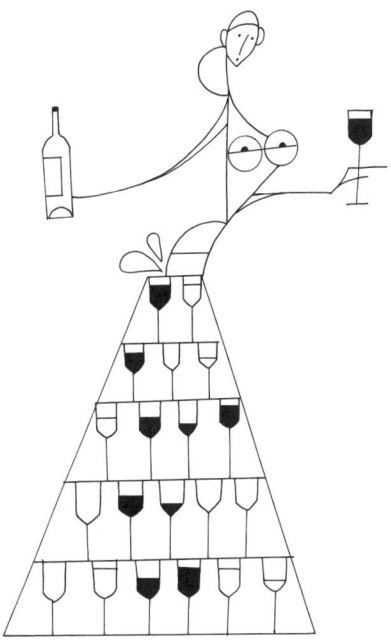

Mit zunehmendem Alter nimmt der Wassergehalt im Körper ab.
Umso mehr macht der Alkohol deiner Haut zu schaffen, denn
dein Körper verdünnt ihn immer langsamer. Auch die Leber, die
Schadstoffe abbaut, arbeitet nicht mehr so kräftig. Ungestraft
versacken, das ist ab vierzig einfach nicht mehr drin.

Frauen gehen früher zum Arzt als Männer. Sie haben da weniger
Hemmungen – zu Recht. Wenn wir den Eindruck haben, uns
fehlt etwas, plagen wir uns nicht lange damit herum.
Frauen fühlen sich öfter krank – aus gutem Grund: Da sie fast
durchweg Berufstätigkeit und Familie unter einen Hut bringen
müssen, sind sie physisch und psychisch chronisch überlastet.
Man sollte sich allerdings auch klarmachen, dass vor allem Frau-
en sich allzu leicht vor Krankheiten fürchten, die erst in höhe-
rem Alter auftreten.

»Wenn ich von einer Frau mit Brustkrebs höre,
spüre ich sofort auch etwas und renne zum Arzt.«

Schwere Krankheiten kommen bei Vierzigjährigen nicht häufiger vor als bei jüngeren Frauen. Die größte Gefahr für Frauen in dem Alter ist die Überforderung, ansonsten brauchen sie noch keine Angst vor Altersleiden zu haben. Sie können sich jedoch ruhig schon mal eine gesündere Lebensweise angewöhnen und solche Leiden dadurch hinausschieben oder gar verhindern. (Siehe z. B. *Osteoporose, S. 97 ff.*)

Die gute Nachricht: Sorgen um das Gedächtnis sind völlig unbegründet. Ältere Menschen vergessen nicht mehr als jüngere, nur regen sich jüngere nicht groß darüber auf. Sie denken, ich bin jung, und wenn ihnen ein Name oder irgendetwas, das sie tun wollten, nicht mehr einfällt, schieben sie das nicht jedes Mal auf ihr Alter.

Altersleiden treten in der Regel erst jenseits der sechzig auf. Das Immunsystem wird schwächer, und die Wahrscheinlichkeit, an Krebs, Diabetes oder Stoffwechselstörungen zu erkranken, nimmt zu. Ebenso wird man anfälliger für Infektionen wie etwa Blasenentzündungen.

Die häufigste Krebsart bei Frauen in Westeuropa ist der Brustkrebs. Das Risiko erhöht sich, wenn es in der Familie bereits zwei Fälle von Brustkrebs gegeben hat. Dann sollte man sich häufiger untersuchen lassen. Stellt sich ein erhöhtes Risiko heraus, wird im schlimmsten Fall zu einer Amputation geraten, ansonsten sollte man sich einmal im Jahr einer Mammographie, d. h. einer Röntgenuntersuchung der Brust, unterziehen.

Die Brust selbst zu untersuchen ist durchaus sinnvoll, allerdings ist ein Tumor, wenn man ihn fühlt, schon ziemlich groß. Untersuche deine Brüste einmal im Monat, am besten immer um die gleiche Zeit. Kontrolliere im Spiegel, ob Veränderungen der Form festzustellen sind, und taste sie nach eventuellen Knoten ab. Wenn du dir nicht sicher bist, geh sofort zum Arzt. Zum Glück können Brustkrebs und andere Krebsarten heute immer wirksamer bekämpft werden.

»Wenn ich Alzheimer bekomme, mach ich Schluss.
Aber vielleicht merke ich dann ja gar nicht, dass ich Alzheimer habe.«
»Vor dem Älterwerden habe ich keine Angst.
Vor den körperlichen Beschwerden dagegen schon.«
»Ich schlucke eine Menge Vitamine.
Das mag abergläubisch sein, aber ich habe das Gefühl, es hilft.«

Schon ab dem fünfunddreißigsten Lebensjahr baut der Körper klammheimlich ein bisschen ab. Die ersten fünfunddreißig Jahre wird alles noch schön »umgebaut«, danach wird der Körper nachlässiger. Die Körperformen werden ungleichmäßiger. Die Gelenkknorpel bilden sich zurück. Und wenn du Pech hast, können dir scheußliche Anhängsel wachsen, zum Beispiel Alterswarzen. Das lässt sich leider nicht verhindern, doch wenn du welche bekommst, dann sorge dafür, dass du sie wieder loswirst. Der Hautarzt kann sie problemlos entfernen. Auch Leberflecke können sich vermehrt bilden. Gegen diese Pigmentveränderungen ist leider kein Kraut gewachsen, aber im Gesicht kannst du sie natürlich überschminken.

Der Feuchtigkeitsgehalt des Körpers und der Haut nimmt ebenfalls schleichend ab. Das bedeutet: Häufiger eincremen und viel Wasser trinken. Einigen Untersuchungen zufolge wird die Bedeutung des Wassertrinkens überschätzt; ob es tatsächlich nützt, scheint nicht hundertprozentig sicher zu sein. Sicher ist jedoch, dass Alkohol und Kaffee dem Körper Feuchtigkeit entziehen. Lass also die Finger davon, und wenn das nicht geht, dann reduziere wenigstens deinen Konsum.
Der sinkende Feuchtigkeitspegel im Körper kann unter Umständen zu trockenen Augen führen, weil die Tränendrüsen nicht mehr so gut arbeiten. Besonders Kontaktlinsenträger bekommen dann häufig Probleme. Hier helfen Augentropfen, außerdem gibt es in der Apotheke, beim Optiker oder in der Drogerie künstliche Tränenflüssigkeit zu kaufen.

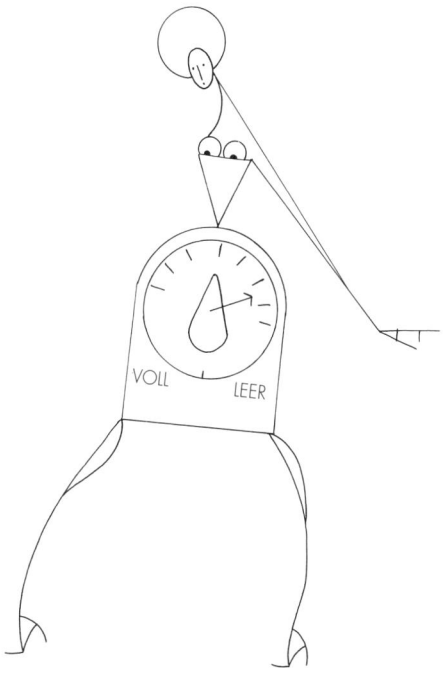

Jenseits der vierzig kann die Menstruation stärker werden. Das kann mit einem Myom zusammenhängen, einem gutartigen Tumor aus Muskelfasern und Bindegewebe in der Gebärmutterwand. Wenn so ein Myom größere Probleme bereitet, kann man es entfernen lassen, wenn nicht, ignoriert man es einfach. Nach der Menopause bildet es sich oft von selbst zurück und verschwindet schließlich ganz. Bei Frauen über vierzig kann außerdem der Eisprung unregelmäßiger werden. Der feste Fahrplan gilt dann nicht mehr.

»Meine Menstruation wird stärker. Ich glaube, mein Körper will mir sagen, dass ich gerade noch schwanger werden kann.«

Eine Schwangerschaft jenseits der vierzig verläuft meist problemlos. Ein Hormonschub sorgt dafür, dass die Gebärmutter in gutem

Zustand ist. Eine vierzigjährige Mutter ist allerdings weniger flexibel als eine zwanzigjährige, das hängt von mehreren Faktoren ab. Manche Frauen sind schon mit fünfunddreißig alt, andere mit fünfundvierzig noch robust wie ein junger Hafenarbeiter.

»Irgendwann fällt das Gesicht zusammen. Da bin ich nicht so scharf drauf.«

Falten sind unvermeidlich. Alles wird allmählich schlaffer, weshalb wir um hängende Wangen und ein Doppelkinn alle nicht herumkommen. Mit der Körperbehaarung passiert dagegen etwas Seltsames: Achsel- und Schamhaare verschwinden nach und nach, dafür wachsen die Haare an Stellen, an denen man am liebsten kein einziges Härchen sehen würde: auf der Oberlippe, am Kinn, am Kiefer. Das hängt damit zusammen, dass sich das Verhältnis von Östrogen und Testosteron verschiebt. Je mehr Testosteron im Körper ist, desto größer ist die Wahrscheinlichkeit von Schnurr- und Kinnbartwuchs.

Gib diesen Haaren keine Chance. Verwende Wachs oder Enthaarungscreme, zupf sie aus oder lass sie lasern. Tu etwas. Inspiziere regelmäßig dein Gesicht, geh kein Risiko ein. Mute niemandem zu, dass er das einzelne gekräuselte Haar in deinem Mundwinkel entdeckt, sich aber nicht traut, etwas zu sagen.

Dass du richtig kahl wirst, brauchst du nicht zu befürchten. Das kommt fast nur bei ganz alten Frauen vor.

Eine Lesebrille wird mit vierzig ebenfalls oft fällig, aber vielleicht kannst du dich noch eine Weile ohne durchmogeln.

Wenn das gar nicht mehr ohne geht, dann steh dazu. Kaufe dir eine schöne Lesebrille, die deinem Gesicht etwas hinzufügt. Spiele damit, mach etwas daraus. Betrachte die Brille als Schmuck, schaffe einen Lesebrilleneffekt, der dir gefällt, irgendetwas zwischen strenger Gebieterin und Ulknudel.

Häng dir die Lesebrille aber nicht an einer Schnur um den Hals, das wirkt hoffnungslos ältlich. Es gibt wunderschöne, fantasievolle Brillenketten, die denselben Zweck erfüllen. Wenn du die Brille ständig verlegst, dann besorge dir mehrere und verteile sie in der Wohnung, eventuell auch im Büro. Leg eine in die Küche, für die Kochbücher. Eine ins Auto, zum Kartenlesen. Und steck dir eine in die Handtasche.

»Ruhelose Beine« können ab fünfzig auftreten. Plötzliche Schmerzen in den Beinen plagen einen besonders abends und nachts. Dagegen gibt es Medikamente. Wird es dir zu unangenehm, dann lass dir vom Hausarzt etwas verschreiben.

>»Ich habe Arthrose in den Fingern. Der Arzt sagt, das sei Verschleiß.
>Er versucht es hinauszuzögern, aber zurückdrehen kann man den Prozess
>nicht. Das macht mich wahnsinnig, aber ich zwinge mich, mir zu sagen,
>dass man auch mit dreißig etwas Schlimmes bekommen kann.«

Arthrose, Rheuma und Gelenkverschleiß können sich etwa ab fünfzig bemerkbar machen. Anzeichen sind nachlassende Kraft in den Händen und zunehmende Schmerzen in den Gelenken. Wer viel mit den Händen arbeitet, hat hier ein erhöhtes Risiko. Viel kann man dagegen leider nicht tun. Empfohlen wird Glukosamin – erhältlich auch in der Drogerie –, nachgewiesen ist die Wirkung jedoch nicht. Übergewichtige Menschen bekommen leichter Gelenkprobleme. Bewegung ist also angesagt und gegebenenfalls Abnehmen.

»Ich habe ganz schlimm Osteoporose. Ich sacke total zusammen, und meine Taille bin ich inzwischen auch los. Na ja, denke ich mir, ich bin eben keine achtzehn mehr, ich bin in den Sechzigern.«

Vitamine schlucken bringt nach Meinung der Ärzte gar nichts. Sie raten vielmehr zu einer gesunden, abwechslungsreichen Kost, mit der man automatisch genügend Vitamine aufnimmt. Fischöl – vor allem in fettem Fisch enthalten – ist gut für Herz und Blutgefäße.

Osteoporose oder Knochenschwund. Bereits ab dem dreißigsten Lebensjahr nimmt die Knochendichte ab. Bei Frauen in den Wechseljahren kann der Rückgang der Knochenmasse plötzlich sehr schnell vonstattengehen, denn entscheidend verantwortlich für den Knochenaufbau sind die Östrogene (weibliche Geschlechtshormone). Der Verlust kann bis zu sechs Prozent jährlich betragen. Rauchen und übermäßiger Alkoholkonsum begünstigen den Knochenabbau.

Werden die Knochen in deinen Beinen porös und so schwach, dass sie beim geringsten Anlass brechen, beispielsweise bei einem Sturz, beim Stolpern über eine Türschwelle oder sogar beim Aufheben einer Tasche, dann leidest du an Osteoporose. Am häufigsten sind Handgelenks-, Unterarm-, Wirbel- und Hüftbrüche. Weltweit erkrankt jede dritte Frau über fünfundfünfzig an Osteoporose (bei den Männern ist es jeder achte). Es gibt Medikamente dagegen, aber oft wird die Krankheit erst nach mehreren Brüchen entdeckt. Besser (und weniger schmerzhaft) ist es, sich beizeiten dagegen zu wappnen, das heißt: Ab etwa vierzig sollte man etwas gegen eine eventuelle Abnahme der Knochendichte tun.

Führe dir genügend Kalk zu: 800 bis 1100 Milligramm pro Tag, zum Beispiel in Form von vier Gläsern (Butter)Milch. Reichlich Kalzium enthalten auch Quark, Joghurt und Käse. Der Kalziumgehalt fettarmer Milchprodukte ist übrigens keineswegs geringer. Für Menschen, die keine Milchprodukte mögen: Kalzium ist auch in grünem Blattgemüse enthalten.

Nimm deine Kalziumtabletten am besten abends vor dem Schlafengehen, denn nachts erreicht der Knochenabbau seinen Höhepunkt.

Eine halbe Stunde Bewegung am Tag, möglichst an der frischen Luft – Spazierengehen, Gartenarbeit oder Joggen –, stärkt das Knochengerüst und stimuliert zudem Gleichgewichtssinn und Koordinationsvermögen, so dass man nicht so leicht stürzt oder sich etwas verstaucht.

Nimm die Treppe und vergiss den Aufzug. Geh so viel wie möglich zu Fuß, steig nicht für jeden Katzensprung ins Auto, in den Bus oder die Straßenbahn.

Nahrungsergänzungsmittel gegen Osteoporose gibt es in reicher Auswahl, sie sind jedoch teuer, und ihre Wirkung ist wissenschaftlich nicht erwiesen.

Hast du Anlass zu der Befürchtung, an Osteoporose zu leiden, lass deine Knochenmasse untersuchen. Der Hausarzt kann eine Computertomographie veranlassen, dann hast du Gewissheit.

Knochenschwund hat übrigens noch eine weitere unangenehme Auswirkung: Man kann etliche Zentimeter kleiner werden. Da die Haut nicht mitschrumpft und ja irgendwo bleiben muss, verschwindet meist die Taille. Natürlich ist sie noch da, aber sie versteckt sich unter der Haut.

Jenseits der sechzig wird es richtig gefährlich für deine Figur. Die Osteoporose kann nun ernste Formen annehmen und dich wie erwähnt deine Taille kosten. Obendrein droht Übergewicht, weil du von nun an viel weniger Nahrung brauchst: 1500 Kilokalorien pro Tag, gegenüber 2000 im Alter von vierzig. Es ist ein schlechter Scherz der Natur, dass der Appetit meist erst mit über achtzig abnimmt. (Siehe *Dick oder dünn?*, S. 138.)

Krampfadern sind durch Erschlaffen der Gefäßwand erweiterte Venen. Meist treten sie an den Beinen auf. Dick, blau und gewunden, sind sie unter der Haut deutlich zu sehen. Krampfadern entstehen durch Überlastung. Frauen sind stärker davon betroffen als Männer, beispielsweise infolge von Schwangerschaften.

Frauen, die im Beruf viel stehen müssen (Lehrerinnen, Hotel- und Gaststättenangestellte, Verkäuferinnen) haben ein erhöhtes Krampfadernrisiko. Wenn du mit Krampfadern rechnen musst, weil beispielsweise deine Mutter welche hatte (Veranlagung spielt hier ebenfalls eine Rolle), kannst du rechtzeitig vorbeugen. Trage Stützstrümpfe, wenn eine Überlastung der Beine zu befürchten ist (es gibt glänzende elastische Strümpfe in schönen Farben), und mach nach Möglichkeit zwischendurch Übungen für die Wadenmuskeln (anspannen, halten, lösen).

Krampfadern schmerzen oft, außerdem machen sie müde und können Ursache sogenannter »ruheloser Beine« sein. (Siehe »*Ruhelose Beine*«, S. 95.)

Doch auch wenn sie keine Beschwerden bereiten – schön sind sie nicht. Wenn sie dich stören, geh zum Hausarzt und lass dich überweisen. Es gibt verschiedene Therapien, beispielsweise Veröden oder Strippen (wobei die Krampfader mit einer Sonde teilweise oder vollständig aus dem Bein gezogen wird).

Urinverlust macht jeder zehnten Frauen über sechzig zu schaffen. Die Beckenbodenmuskulatur ist schlaffer geworden, und das Gewebe der Vagina hat an Stabilität verloren. Östrogenmangel nach den Wechseljahren kann eine Ursache sein, ebenso Übergewicht.

Manchmal erfolgt diese unfreiwillige Urinabgabe unbemerkt, was sehr unangenehm ist, egal ob es nur ein paar Tropfen sind oder ein kleiner Strahl. Jede Druckerhöhung in der Blase kann fatale Folgen haben. Niesen ist eine Gefahr, Lachen ein Wagnis, ein Hustenanfall gar eine Katastrophe. Das ist peinlich und auch unheimlich, denn du hast ständig Angst, man könnte etwas merken: Ist da auch ja kein nasser Fleck auf meinem Rock?

Einen Ausweg aus dieser Unsicherheit bieten Slipeinlagen. Man sieht sie nicht, und sie befreien dich von Furcht und Unsicherheit – also wieso solltest du darauf verzichten? Gegen Monatsbinden sind sie immer noch ein Klacks.

Wenn die Probleme unerträglich werden: Es gibt Medikamente gegen Inkontinenz, und auch eine Operation ist möglich (zurzeit wird zudem eine Behandlung mit Stammzellen zur Stärkung des Schließmuskels entwickelt, die sich allerdings noch im experimentellen Stadium befindet). Scheu dich nicht, geh zum Arzt und frag ihn, was sich da machen lässt.

Mit Gymnastik kannst du die Beckenbodenmuskulatur trainieren. Es gibt dafür eine spezielle Physiotherapie, vorbeugend kann aber jede Frau schon mal mit den Grundübungen anfangen. Sie wird es garantiert nicht bereuen.

GRUNDÜBUNGEN

- Halte den Urin stets etwas länger zurück, als es dir angenehm ist. Gehe nicht gleich beim ersten Harndrang zur Toilette. Und lass dir dort Zeit, hetz dich nicht, zieh dich in aller Ruhe aus.
- Achte darauf, dass du die Blase bei jedem Toilettengang komplett entleerst.
- Trainiere die Beckenbodenmuskeln: Spann sie ein paar Mal an und löse sie nach und nach wieder. Mütter kennen diese Übung noch von der Wochenbettgymnastik her. Man kann sie unbemerkt ausführen, zum Beispiel während der Werbung im Kino oder in der Schlange an der Supermarktkasse. (Die Übungen erzeugen übrigens ein ulkiges Gefühl, irgendwie ein bisschen sexy.)
- Erinnere dich an die Schwangerschaftsgymnastik: zusammenkneifen, drei, vier ...

LAUNEN DER NATUR

Die Wechseljahre

»Ich dachte: Dieses große Finale hat mir gerade noch gefehlt.«

Mitten in der Nacht schweißgebadet aufwachen. Stimmungsschwankungen. Blutungen. Schlaflosigkeit. »Ruhelose Beine«. Hitzewallungen ... Die Wechseljahre. Früher oder später ereilen sie dich, und zwar mehr oder weniger heftig. Deine Hormone suchen nach einem neuen Gleichgewicht und werfen dich dabei grausam aus der Bahn. Nicht nur dein Körper spielt dir Streiche, auch geistig können dich die Wechseljahre aus dem Tritt bringen. Unwiderruflich läuten sie das Ende deiner fruchtbaren Jahre ein. Das kann dir gelegen kommen, du kannst aber auch schwer daran zu knabbern haben. Vielleicht hast du ja noch auf ein (weiteres) Kind gehofft.

»Ich wurde ganz trübselig davon. Ich kam mir vor, als wäre ich in Trauer. Ich nahm Abschied von etwas, das ich nie haben würde: Kinder.«

Der Kinderwunsch bleibt dir versagt, und das ist hart. Rede darüber, mit deinem Partner, mit einer Freundin, und verdränge das Problem nicht. Such dir professionelle Hilfe, wenn du befürchtest, der vereitelte Kinderwunsch könnte zur fixen Idee werden. Sieh zu, dass du damit ins Reine kommst, denn wenn du Pech hast, wirst du deine Energie noch bitter nötig haben, um den Wechseljahren die Stirn zu bieten.

In der Regel fangen sie um dein achtundvierzigstes Lebensjahr an und dauern an, bis du etwa zweiundfünfzig bist. Sie können jedoch auch schon mit achtunddreißig einsetzen, denn ab da beginnt der weibliche Körper die Eizellen beschleunigt abzustoßen.

Woran merkst du, dass es so weit ist? Wenn du ganz sichergehen willst, kannst du einen sogenannten »Wechseljahrestest« machen. Dazu lässt du beim Hausarzt eine Blutuntersuchung vornehmen, oder du holst dir in der Apotheke einen Menopausetest. Der nützt dir allerdings nichts, wenn du die Antibabypille nimmst, denn in Kombination mit der Pille wirken solche Tests nicht. Du kannst auch deine eigenen Schlüsse ziehen: Du registrierst bestimmte Symptome, außerdem wird deine Periode unregelmäßiger. Es kann durchaus vorkommen, dass du zwei Wochen lang starke Blutungen hast, die ganz plötzlich aufhören und nach drei Tagen wieder einsetzen.

»Es war furchtbar, weil es für jeden sichtbar war.
Wenn ich vom Stuhl aufstand, war der Sitz voller Blut,
trotz eines Tampons und einer Monatsbinde.«

Wann passiert es? Das lässt sich zwar kaum vorhersagen, aber einen Anhaltspunkt gibt es immerhin: Der Beginn der Wechseljahre ist genetisch bedingt. Finde heraus, wann deine Mutter in die Wechseljahre gekommen ist – die Wahrscheinlichkeit ist groß, dass es bei dir im selben Alter so weit sein wird. Raucherinnen sind übrigens im Durchschnitt zwei Jahre früher dran als Nichtraucherinnen.

In den Wechseljahren gerät der Hormonhaushalt durcheinander.

Das lässt sich einerseits mit Hilfe von Hormonpräparaten beeinflussen, andererseits erhöht sich dadurch das Risiko, an Gebärmutterhalskrebs zu erkranken. Sei hier also eher zurückhaltend. Du kannst dir auch blutdrucksenkende Mittel verschreiben lassen, die helfen ebenfalls gegen Hitzewallungen.

Was passiert? Das Vertrackte ist, dass sich das genauso wenig vorhersagen lässt. Es kann sein, dass du kaum etwas von den Wechseljahren merkst, ebenso gut kann es dich böse erwischen, und du spürst sie sehr stark. Es kann halb so schlimm, es kann schrecklich sein. Es kann ein Jahr dauern, es kann zehn oder sogar zwanzig Jahre dauern. Du kannst mit fünfunddreißig schon darunter leiden oder nie. Allzu viel lässt sich sowieso nicht dagegen unternehmen.

Gibt es denn auch etwas Positives über die Wechseljahre zu vermelden? O ja, durchaus: Um die fünfzig ist Schluss mit der Menstruation und all den Scherereien, die du so damit hast.

> »Als meine Tochter ihre erste Regel bekam,
> hat meine Menstruation aufgehört.
> Das fand ich schön.
> Ich hatte den Stab weitergegeben.«

Wann sind die Wechseljahre vorbei? Die Ärzte legen folgenden Maßstab an: Hat eine Frau ein Jahr lang nicht mehr menstruiert, dann hat sie die Wechseljahre hinter sich. Wenn du die Pille nimmst, hältst du die Menstruation künstlich in Gang und weißt daher nicht, ob du noch in den Wechseljahren bist oder nicht. Ärzte raten, die Pille um das zweiundfünfzigste Lebensjahr herum abzusetzen und auf eine andere Verhütungsmethode umzusteigen, um festzustellen, ob noch Regelblutungen erfolgen.

Sex während der Wechseljahre und danach. Liegen die Wechseljahre hinter dir, ist keine ungewollte Schwangerschaft mehr zu befürchten. Das ist ein nettes Extra, denn anders, als viele Frauen glauben, rauben dir die Wechseljahre nicht die Lust auf Sex. Die Vagina kann zwar trockener werden, aber dagegen gibt es wie erwähnt gute Cremes oder Salben. Genier dich nicht, sondern kauf sie. Wenn du unsicher bist, frag deinen Arzt um Rat – der findet nichts dabei und ist solche Fragen gewöhnt. Solltest du dich nicht trauen, schreib die Frage auf und lerne sie auswendig, dann kannst du sie vorbringen, ohne zu stottern. Der Rest kommt ganz von allein, das Gespräch ist dann halb so schlimm. *Das Geheimnis.* Wie unangenehm die Wechseljahre sind und was man dagegen tun kann, das scheint ein Geheimnis zu sein. Vielleicht weil Wechseljahre nicht gleich Wechseljahre sind. Keine Frau weiß genau, was sie erwartet und in welchem Ausmaß. Nur eines ist sicher: Deine Menstruation hört auf, möglicherweise von einem Tag auf den anderen. Aber bis dahin kann noch viel passieren, und bei jeder Frau etwas anderes. Was die Wechseljahre mit dir anstellen, ist ungewiss. Du weißt nicht, was auf dich zukommt, das ist das Beängstigende daran.

DIE SYMPTOME

Hitzewallungen. Ob mit oder ohne Schweißausbruch – verursacht werden Hitzewallungen durch eine plötzliche Erweiterung der Blutgefäße. Sie können nach ein paar Sekunden vorbei sein, aber auch eine halbe Stunde anhalten. Bei einer starken Hitzewallung möchte man sich am liebsten auf der Stelle die Kleider vom Leib reißen. Und genau das sollte man auch tun. So gut es geht jedenfalls. Wenn du unter Hitzewallungen zu leiden hast, dann trag stets mehrere Kleiderschichten übereinander, so dass du dich bei Bedarf entblättern kannst.

»Ist das eine Grippe? Nein, das ist eine Hitzewallung.«

»Hitzewallungen, auch das noch.

Als würde ein Geysir ausbrechen, so warm wird mir dann immer.«

Nicht jeder wird deine Hitzewallungen bemerken. Falls doch, dann steh dazu und tu nicht so, als wäre nichts. Das ist für alle Beteiligten peinlicher, als wenn du dich rasch frisch machen gehst.

Sieh zu, dass du immer einen Fächer bei dir hast, und fächere dir damit Kühlung zu. Oder sprüh dir aus dem kleinen Zerstäuber in deiner Handtasche Wasser auf Gesicht und Hals.

Hast du stark unter Hitzewallungen zu leiden, vermeide eine Zeitlang Kaffee, Tee, Alkohol und stark gewürzte oder scharfe Speisen, denn die gelten als typische Auslöser.

Vermeide Stress, so gut es geht, und lass ihn nur dort aufkommen, wo er hingehört, nämlich im Beruf. Plane deinen Tag großzügig, dann hast du, wenn alles entsprechend läuft, noch Zeit übrig. Passiert dann etwas Unvorhergesehenes – dein Kind ruft an, dass es einen Platten hat und abgeholt werden muss, dein Computer stürzt ab (was sowieso zu Schweißausbrüchen führt, auch ohne Wechseljahre) –, hast du die nötige Zeit dafür.

»Ich trage immer einen abnehmbaren Kragen.«

»Ich rufe einfach: Macht das Fenster auf!«

»Eine Hitzewallung fühlt sich so an, als würde ich knallrot anlaufen.«

»Ich wurde ganz trübsinnig, und das war schlimmer als die Hitzewallungen. Aber jetzt, hab ich's hinter mir, und alles ist vergessen.«

HITZEWALLUNGEN

- Geh sachlich damit um.
- Vermeide Alkohol, Kaffee, Tee und stark gewürzte oder scharfe Speisen.
- Trag mehrere Kleiderschichten übereinander (Unterhemd, Shirt, Bluse, Strickjacke oder Blazer, alles möglichst luftig).
- Benutze einen Fächer.
- Benutze einen Wasserzerstäuber (aber auf keinen Fall einen für Pflanzen, das sähe ziemlich komisch aus).
- Genier dich nicht, sondern tupf dir mit einem Taschentuch die Schläfen oder den Schweißschnurrbart ab.
- Oute dich. Andere bemerken deinen Schweißausbruch sowieso.
- Kokettiere nicht damit.

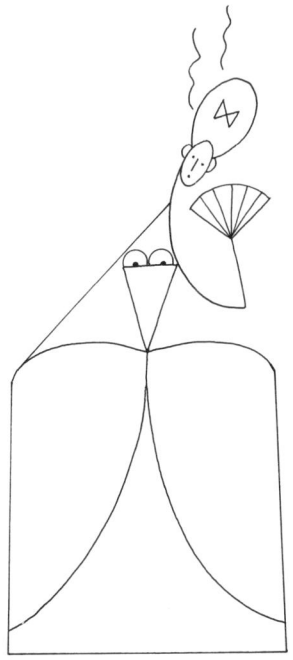

»Die Wechseljahre sind auch unter Frauen ein Tabuthema.
Es wird auf falsche Art darüber gesprochen,
was nicht gerade das Zusammengehörigkeitsgefühl fördert.«

Wird man misstrauisch und verbittert? Ja, das kann passieren, vor allem wenn man infolge der Schlaflosigkeit müde und entsprechend gereizt ist. Es fühlt sich an wie früher die schlechte Laune kurz vorm Einsetzen der Regel, allerdings stellt sich dieser maßlose Ärger über nichts und wieder nichts nun aus heiterem Himmel ein. Gegen diese *mood swings,* die gefürchteten Stimmungsschwankungen, hilft Vitamin B_6, ansonsten ist da nicht viel zu machen. Sorge dafür, dass du so ausgeruht wie möglich bist, dann ist das Risiko für solch unkontrollierte Verstimmungen geringer.

»Urplötzlich überfällt mich tiefes Misstrauen.
Ich nehme mich zwar jedes Mal zusammen,
aber am liebsten wäre ich dann richtig gemein.«

STIMMUNGSSCHWANKUNGEN

- Nimm den plötzlichen Ärger zur Kenntnis. Gestehe ihn dir ein.
- Versuche ganz altmodisch bis zehn zu zählen. Manchmal verfliegt der Unmut dann.
- Wenn du allein bist, feg die Scherben zusammen und schüttel die Sache ab.
- Hat es Opfer gegeben, sieh dir den Schaden an. Überlege kritisch, ob du es nicht doch zu bunt getrieben hast. Wenn nötig, sag knapp und offen, dass es dir leidtut.
- Was immer du getan hast: Die Wechseljahre sind keine Entschuldigung.
- Probiere aus, ob es dir hilft, mehr Vitamin B_6 zu nehmen.

Die Wechseljahre sind nicht der Weltuntergang. Sprich nur mit guten Freunden oder Freundinnen darüber, das Thema ist zu intim. Rede vor allem nicht zu viel davon und beklage dich nie, wirklich nie, in der Öffentlichkeit darüber, denn das degradiert dich zur alten Schachtel.

Falls du es nicht lassen kannst und dich unbedingt äußern musst, dann erzähl lieber einen faulen oder fiesen Witz auf deine eigenen Kosten, statt in Selbstmitleid zu schwelgen.

Nachts nützt dir die ganze Schauspielerei jedoch nichts. Da kann es passieren, dass alles klitschnass geschwitzt ist, das Bettzeug, dein Nachthemd, du selbst. Das kann dich ziemlich düster stimmen. Lass es möglichst nicht so weit kommen, sondern triff Vorkehrungen. Stell ein Glas Wasser bereit, leg ein frisches Shirt neben das Kissen. Solltest du an Schlaflosigkeit leiden, denk daran, dass du dich trotzdem ausruhst, auch wenn du wach liegst. Du kannst ja noch schön gemütlich im Bett bleiben.

NACHTSCHWEISS

Neben das Bett gehören:

- Wasserzerstäuber oder nasser Waschlappen
- Handtuch
- frisches Nachtzeug: weite Baumwollshirts mit großem, wenn nötig eingeschnittenem Halsausschnitt und abgeschnittenen Ärmeln
- Thermosflasche mit Tee und Tasse

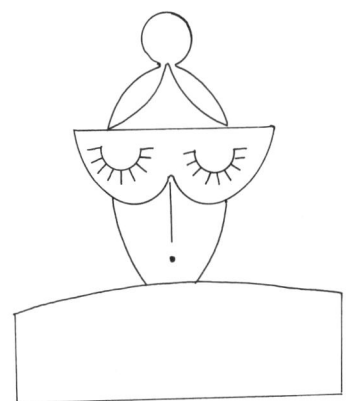
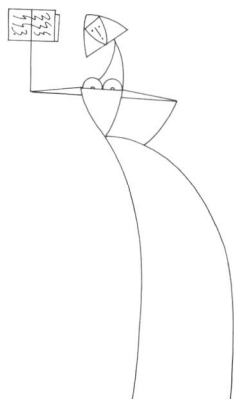

SCHLAFLOSIGKEIT

- Wehr dich nicht dagegen.
- Denk auf keinen Fall: Ich muss unbedingt schlafen. Du musst gar nichts.
- Nicht grübeln. Probleme wälzen kannst du morgen immer noch.
- Solltest du das Grübeln nicht lassen können, mach dir bewusst, dass es so ist.
- Versuch dich abzulenken: Hör Musik, lies etwas, sieh fern.
- Keine Kreuzworträtsel.
- Lass nichts von außen herein: Benutze Ohrstöpsel und/oder eine Schlafmaske.
- Lenke dich mit Belanglosigkeiten ab: Denk dir eine neue Einrichtung für deine Wohnung aus, überlege dir Geschenke für deine Kinder, auch wenn sie gerade erst Geburtstag hatten, finde heraus, ob dir die Beatles oder die Stones besser gefallen, Brad Pitt oder Leonardo di Caprio, André Rieu oder André Hazes, The Mammas oder The Pappas usw.
- Such dir einen anderen Schlafplatz und verbring ruhig mal eine Nacht auf dem Sofa.

- Überleg dir, wann du am nächsten Tag dein halbstündiges Mittagsschläfchen halten willst.
- Erliege nicht der Verlockung der Schlaftablette, sondern nimm Baldrian oder ein anderes beruhigendes Hausmittel.
- Schlaf einfach nicht.
- Mach dir klar, dass du dich auch dann ausruhst, wenn du nur ruhig im Bett liegst.

Eine spezielle Wechseljahresberatung kann helfen, wenn dir diese Zeit besonders schwer zu schaffen macht. Scheu dich nicht, sie in Anspruch zu nehmen, bevor zu verzweifelst. Du wirst dort erst einmal eine Menge über die Wechseljahre erfahren. Zum Beispiel, dass man sie mit der Pubertät vergleichen kann, denn sie sind ein Übergang in eine andere Phase, dass sie sich über einen langen Zeitraum erstrecken können, dass sie einfach dazugehören. Sie sind ein Übergangsritus und irgendwann auch wieder vorbei. Gut zu wissen, dass sich alles wieder beruhigt, wenn du in die Postmenopause eintrittst.

»Nach der Beratung habe ich angefangen, Hormone zu nehmen. Ich war die Hitzewallungen schlagartig los und die Depression auch.«
»Ich habe weiter die Pille genommen und die Wechseljahre damit hinausgezögert und unterdrückt. Das war ideal. Ich hatte auch weiter das Gefühl, ich gehöre dazu.«

DIE WECHSELJAHRE – WAS KANNST DU TUN?

- *Nichts.* Wenn du so wenig wie möglich daran denkst und es dir gelingt, eventuelle unangenehme Symptome einfach zu ignorieren, dann hast du gute Chancen, gar nicht so viel davon zu merken.

113

- *Zum Arzt gehen* und ihm sagen, was mit dir los ist. Lass dir erklären, womit deine spezifischen Symptome zusammenhängen, und frage nach, was man dagegen tun kann.
- *Zur Beratung gehen*, wenn der Besuch beim Arzt nichts gebracht hat.
- *Hormontherapie*. Es gibt spezielle Hormonpräparate für Frauen in den Wechseljahren. Sie regulieren den Östrogenspiegel und fangen damit die Hormonschwankungen auf, die dir die Wechseljahressymptome bescheren. Als Nebenwirkung bekommst du wieder deine Periode und weißt deshalb nicht, ob du noch in den Wechseljahren bist oder nicht.
- Eine Hormontherapie erhöht das Risiko von Brustkrebs, Gebärmutterkrebs, Herz- und Gefäßkrankheiten. Untersuchungen haben jedoch ergeben, dass eine sechsmonatige Hormontherapie keinen Schaden anrichten kann. Lass dich dennoch vom Arzt über die Risiken aufklären. Er wird dich sicher auch fragen, ob diese Krankheiten in deiner Familie vorkommen. Erkundige dich bei anderen Frauen nach den Nebenwirkungen, bevor du eine Entscheidung triffst.
- *Weiter die Pille nehmen*. Die Antibabypille hält den Körper in dem Zustand, in dem er vor den Wechseljahren war, und unterdrückt die Wechseljahressymptome größtenteils. Der Nachteil ist ein leicht erhöhtes Krebsrisiko. Besprich mit dem Arzt, wie hoch dieses Risiko in deinem Fall einzuschätzen ist. Ein weiterer Nachteil: Irgendwann musst du die Pille doch absetzen (so um die zweiundfünfzig). Wende dann ein Jahr lang eine andere Verhütungsmethode an (erst nach einem Jahr ohne Menstruation kannst du sicher sein, dass du nicht mehr fruchtbar bist).
- *Hüte dich vor den Wundermitteln*, die du im Internet findest, wenn du »Wechseljahre« in eine Suchmaschine eingibst. Nimm sie nicht, auch wenn die Werbung vertrauenerweckend wirkt und voller Mitgefühl auf deine Probleme eingeht. Bevor du eine Kräutermischung bestellst, erkundige dich in der Apotheke nach deren Wirkung.

- *Suche Kontakt* zu Selbsthilfegruppen für Frauen in den Wechseljahren.
- *Informiere dich im Internet,* zum Beispiel unter www.gutewechseljahre.de/ oder www.infos247.com/menopause).
- *Google, lies, google, lies.*
- *Betrachte es auch mal von der komischen Seite,* denn es ist schon verrückt, welche Streiche dein Körper dir spielen kann.

»Die Wechseljahre? Fantastisch – mir ist nie mehr kalt.«

DER TOD
Muss das sein?

Der Tod? Den verdrängen wir ganz gern ein bisschen. Kein Kunststück heutzutage, denn die Medizin macht rasante Fortschritte. Selbst bei einer schweren Krankheit ist oft noch Hilfe möglich, und viel älter als die Menschen früher werden wir auch. Vor hundert Jahren wurden Frauen im Durchschnitt fünfzig Jahre alt, heute werden sie einundachtzig. Wir schaffen es, den Zeitpunkt des endgültigen Abschieds ein ganzes Stück hinauszuzögern, und schieben den Gedanken an den Tod gern beiseite. Aber sterben müssen wir alle, so viel ist sicher. Was der Tod ist und woraus er besteht – Paradies, ewige Jagdgründe, Höllenfeuer oder einfach das große Nichts –, ist leider unbekannt. Und damit unheimlich.

> »Ich stehe mitten im Leben. Der Tod kommt dann schon irgendwann.«
> »Bis es bei mir so weit ist, hat man längst was dagegen gefunden.«
> »Mit dem Tod befasse ich mich nicht.«

Selbst wenn du keine Lust hast, dir über den Tod Gedanken zu machen – verscheuchen lässt er sich nicht. Du wirst älter, genauso wie deine Lieben. Sind sie älter als du, klopft der Tod bei ihnen an und winkt auch dir kurz zu. Du brauchst noch nicht zu gehen, andere schon: Eltern, Tanten, Onkel, Freundinnen, Freunde, Geliebte. Sie werden alt, sie werden krank – oder auch nicht. Aber sie sterben, denn die Zeit holt sie irgendwann ein. Und du stehst daneben, blickst in ihr Grab hinab, starrst auf ihre Urne. Die Vorstellung, dass darin jemand ist, den du geliebt hast, ist und bleibt unwirklich.

»Ich mag Beerdigungen nicht, aber es werden immer mehr.
Da sitze ich dann und weine um den nächsten Toten.«
»Wenn man schon öfter etwas Schlimmes erlebt hat, weiß man,
dass es immer einen Ausweg gibt. Nur für den Tod gilt das nicht.«
»Ich hatte den Tod in nächster Nähe und weiß, wie das ist. Es ist schlimm.«

Der Gedanke ans Sterben beschleicht dich in unregelmäßigen Abständen. Wer Kinder hat, der bekommt das Bewusstsein der Vergänglichkeit gleich mitgeliefert. Ein Baby dreht sich zum ersten Mal auf den Bauch, ein Kleinkind macht die ersten Schritte, ein Knirps kommt in die Schule – alles zum ersten Mal und alles irreversibel. Jedes neue Stadium bedeutet auch einen Verlust. Immer war etwas vorbei, immer wieder musstest du etwas loslassen.

»Er ist dreizehn Jahre älter als ich, er wird wohl vor mir sterben.
Das verdränge ich, so gut ich kann. Schrecklich.«

Hat eine Frau einen Partner, der deutlich älter ist als sie, besteht die Gefahr, dass er vor ihr unheilbar krank wird, dass er vor ihr stirbt, dass sie allein zurückbleibt.
Ein kranker Mann ist schwer zu ertragen. Er macht dir Kummer, und zugleich hast du womöglich unter einer tiefen persönlichen Unruhe zu leiden, die du dir wiederum zum Vorwurf machst. Denn du möchtest ganz für ihn da sein. Du kannst nicht mehr so viel unternehmen, und du willst es auch nicht, deshalb gestattest du dir immer weniger. Du kannst nicht mehr weg und willst

es auch nicht mehr. Beziehungen außerhalb von ihm und dem Krankenhaus lässt du einschlafen – er könnte ja sterben, während du nicht bei ihm bist.

Eines Tages geschieht das Unvermeidliche: Er geht von dieser Welt. Du lebst weiter, was sich im Extremfall anfühlen kann, als hättest du versagt. Was du tun musst, ist schwer, und dennoch: *Du bist keine Verräterin,* wenn du den Kontakt zu Freundinnen, Freunden und anderen, die nichts mit deinem kranken oder toten Mann zu tun haben, aufrechterhältst. Triff dich regelmäßig mit ihnen und nimm ihre Anteilnahme an. Halte ihr Mitgefühl nicht für falsches Mitleid, sondern ziehe sie ins Vertrauen und sprich mit ihnen über deine Sorgen, deine Trauer, deine Zweifel. Und vor allem: Mach Gebrauch von der Verbindung zur Welt des Alltags, die sie dir bieten.

REAKTION AUF DIE REALITÄT: ICH STERBE

»Man hält sich für eine Art Übermensch,
aber man ist sterblicher als ein Baum.«

Das vierzigste Jahr ist ein Wendepunkt. Jenseits der vierzig wirst du mehr und mehr mit deiner Sterblichkeit konfrontiert. Die Zeit verändert ihre Bedeutung, denn deine Tage sind gezählt. Das ist eine normale Wahrnehmung und kein Grund, dich von der Frage beherrschen zu lassen: Wie viele Jahre sind es noch? Zehn? Zwanzig? Dreißig?

Jenseits der vierzig kann dich der Gedanke an den Tod unverhältnismäßig stark belasten. Leugnen nützt nichts, und deine Unbefangenheit schwindet. Der Gedanke, dass du nun ungefähr die Hälfte deines Lebens hinter dir hast, kann dich regelrecht verfolgen. Dieses Damoklesschwert hängt über dir, und es kann jeden Moment herabsausen.

Eine Waffe gegen die schleichende Todesangst ist der bewusste Versuch, stets so gut wie möglich im Hier und Jetzt zu leben:

- Dieser Tag ist schön.
- Dieser Ort ist schön.
- Auf diese Begegnung habe ich gewartet.
- Dieses Ereignis werde ich nie vergessen.

Lebe das Leben. Lebe dein Leben. Das mag vielleicht nebulös und klischeehaft klingen, aber es ist die einzige Realität, die zählt.

WIE GEHST DU MIT DEM TOD UM?

Vermeide den Gedanken, du müsstest dich beeilen, weil deine Zeit abläuft. Werde nicht zur Schwarzseherin, die bei allem, was ihre Umgebung an Schönem bietet, immer gleich dazusagen muss, dass alles vergänglich ist und jede Freude ein Ende hat. Mit der eigenen Angst vor dem Tod zu kokettieren ist unnötig und – das Wort sagt es schon – kokett. Mit solchen Äußerungen kannst du die Angst zwar für den Moment bannen, doch nach einiger Zeit nimmt dich und deine Unkenrufe niemand mehr ernst. Irgendwann wird dein Umfeld bestimmte Gesprächsthemen in deiner Gegenwart meiden, oder man hört dir nicht mehr zu, und du zählst nicht mehr so recht mit.

»Ich war zweimal fast tot, und das gibt mir ein gutes Gefühl:
Unkraut vergeht nicht.«
»Ich habe keine Angst vor dem Sterben.
Deswegen werde ich beim Thema Rauchen
und Trinken auch nicht hysterisch.«

Wenn dir der Gedanke »Morgen kann alles vorbei sein« Angst einjagt, dann vergisst du, dass es schon immer so war. Auch für ein achtzehnjähriges Mädchen kann plötzlich alles vorbei sein. Für den Tod bist du nicht mehr und nicht weniger als eine Achtzehnjährige.

DER TOD: FLUCHT
- Du denkst nicht darüber nach.
- Du willst nicht leiden.
- Das Thema beunruhigt dich.
- Das Leben ist viel zu schön, um zu sterben, findest du.
- Du hast Angst.

DER TOD: REALITÄT

- Zum Leben gehört das Sterben.
- Zum Leben gehört, dass man weitermacht, was gerade anliegt.
- Zum Leben gehört das Genießen.
- Zum Leben gehört es, den Tod zu vergessen.
- Zum Leben gehört es, zu leben.

»Alles existiert nur dank der Tatsache, dass wir sterben.«

ÄUSSERLICHKEITEN

Man bekommt nichts geschenkt

»Mit vierzig hab ich keinen Augenblick lang daran gedacht,
dass mein Äußeres einmal Verrat üben würde.«
»Ich werde antik, ich bekomme die Patina eines alten Schränkchens.«
»Ich habe mal zu der alten Dame von gegenüber gesagt: ›Sie sehen immer
fantastisch aus.‹ ›Ja‹, hat sie geantwortet, ›alt ist schön.‹«

Du bist siebenunddreißig, und es gibt nichts, was dir Probleme bereitet. Du siehst gut aus, auch wenn deine Haut vielleicht nicht
mehr ganz so glatt ist wie mit zwanzig. Eine Nacht ohne Schlaf
steckst du nach wie vor lässig weg, sei es auf einer wilden Party
oder weil dein Kind fiebert.
Dann wirst du vierzig, einundvierzig, zweiundvierzig. Du siehst
dich unerwartet in einem Spiegel, du betrachtest Urlaubsfotos,
du sitzt beim Friseur eine Dreiviertelstunde lang Auge in Auge
mit dir, und du kommst nicht daran vorbei: Die Dinge verändern sich. Du bist nicht mehr jung, du wirst auf einmal älter, und
du begreifst, dass es nicht mehr rückgängig zu machen ist.

»In einem Aufzug sah ich mich unerwartet im Spiegel.
Einfach nur schrecklich. Seitdem betrete ich Aufzüge nur noch seitwärts.«

125

DEIN KÖRPER STELLT DIR EINE FALLE, UND DAS IST NOCH NICHT ALLES

Nicht nur dein Körper lauert dir auf, obendrein bedroht dich auch noch eine abscheuliche, allgemein akzeptierte Vorstellung: Frauen über vierzig sind das Anschauen nicht mehr wert, sind zu nichts mehr nütze, und nur in einem tun sich sie noch hervor: im Neid auf junge Frauen. Machen wir uns nichts vor: So werden wir gesehen. Dieses Bild hat nichts mit Falten, aber alles mit Traditionen und Vorurteilen zu tun. Außerdem kommt es von zwei Seiten: von Männern und Frauen.

Frauen um die vierzig müssen anfangen, mehr auf ihr Äußeres zu achten. Dabei ist es noch gar nicht so lange her, da konnten sie in diesem Alter allmählich Fünfe grade sein lassen.

Damals waren Frauen über vierzig geradezu darauf versessen, kundzutun, dass von ihnen nichts Junges mehr zu erwarten sei. Die Hälfte ihrer Sätze begann mit »In meinem Alter«, und jenseits der fünfzig endeten ihre Äußerungen oft mit »Das kann ich nicht mehr so gut«.

Sie gaben das Frausein auf. Es schien Ehrensache für sie zu sein, deutlich zu machen, dass ihr Äußeres nur Mittel zu dem Zweck gewesen war, sich einen Mann zu angeln, ihn an sich zu binden und ihre Familie damit zu stabilisieren. Nun konnten sie sich endlich gehen lassen oder vielmehr mussten sie sich gehen lassen, denn in der Fortpflanzungskette hatten sie keine Funktion mehr. Sie trugen geblümte Kleider in allen Varianten und dazu bequeme Schuhe, die aus unerfindlichen Gründen hässlich sein mussten. Sie ließen sich eine undefinierbare Frisur oder eine Betondauerwelle machen, der sie dann treu blieben bis in den Tod.

Sie waren nett und gaben ihr Bestes, und ihre größte Tugend war ihre Liebenswürdigkeit. Aber alles, was auch nur entfernt nach bewusstem Gefallenwollen aussah, taten sie selbst und ihre Umwelt als Koketterie und Exaltiertheit ab.

Das ist natürlich übertrieben. Und dennoch: Auf ihr Äußeres zu achten und damit zu zeigen, dass sie mitten im Leben stehen, gilt bei Frauen über vierzig noch heute als irgendwie suspekt. Sind sie dann noch einmal fünfzehn Jahre älter, heißt es, sie hätten den Blick für die Realität verloren. Sie gelten als verrückte Hühner, die nicht wissen, wo ihr Platz ist.

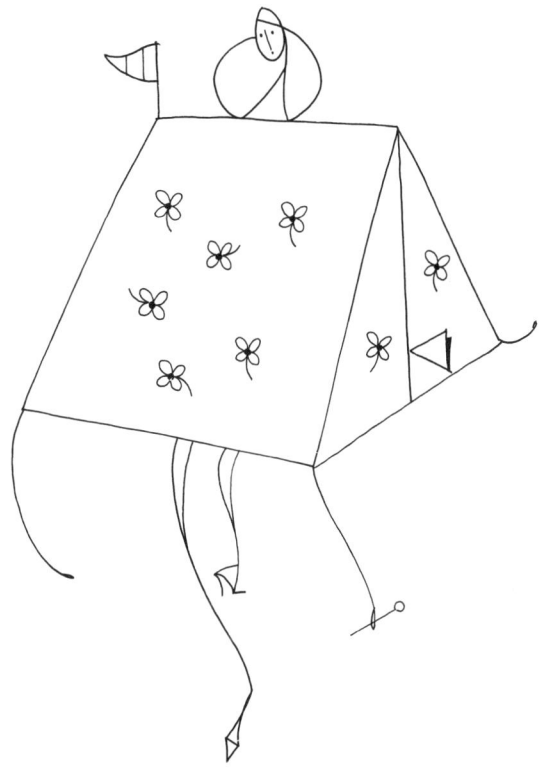

Geblümte Kleider und Dauerwellen sieht man heute kaum noch. Wenn man jedoch von einer älteren Frau sagt, dass sie gut aussieht, bekommt man nicht selten die Antwort: »Weißt du, wie alt die ist?«
Ein gutes Aussehen gönnt uns nicht jeder, bis heute nicht.

TROTZDEM: DIE ZEITEN HABEN SICH GEÄNDERT

Frauen über vierzig sind mittendrin. »Fifty is new forty«, heißt es, und in den Medien wimmelt es nur so von attraktiven Frauen über sechzig, die alles wissen, alles können und auch alles tun. Selbst Hollywood – das Bollwerk des Gesetzes: schöne Frau = junge Frau – beginnt ältere Schauspielerinnen für voll zu nehmen. Sie bekommen große Rollen und werden sogar für den Oscar nominiert.

Die breite Masse scheint das trotzdem nicht zur Kenntnis zu nehmen. Immer wieder ruft es Erstaunen hervor, dass eine Frau über vierzig, fünfzig oder gar sechzig noch so nett, so schön, so talentiert sein und so voller Überraschungen stecken kann. Jede Frau im fortgeschrittenen Alter muss gegen die Vorstellung ankämpfen, dass das Leben für sie immer ärmer wird. Und sie immer hässlicher.

»Ich will diesen Zustand und dieses Gesicht beibehalten.
Ich werde keine alte Dame.«
»Ich bin die älteste Barbie Amsterdams, und ich bin stolz darauf.«
»Ich kenne viele alte Menschen, und ich finde nicht wenige von ihnen schön.
So schlimm ist das alles gar nicht.«

Du bist eitel. Warum auch nicht? Selbsthass ist etwas für die Jugend, und die hast du hinter dir. Du findest dich nett, und du möchtest, dass andere das wiederum nett von dir finden, denn du vermutest, dass das Äußere Einfluss darauf hat, wie es in deinem Kopf und in deinem Herzen aussieht. Du weißt, dass wir unser Aussehen nicht umsonst mitbekommen haben, und du machst dich ans Werk.
Du stellst die Schrift an PC und Handy einfach größer, sobald du eine Lesebrille brauchst. Für einen Vortrag oder eine Präsentation druckst du den Text in einer gut lesbaren Schrift aus. Eine Lese-

brille ist schön, sie kann sogar sexy sein, aber eine Frau, die sie bei der kleinsten Kleinigkeit aufsetzen muss, wirkt hilflos, und das willst du nicht.

Du vermeidest seitlichen Lichteinfall, egal ob bei einer Sitzung, einem Besuch oder einem Gespräch. Notfalls rückst du deinen Schreibtisch woandershin. Seitenlicht ist falsches Licht, es betont deinen schrumpligen Hals, die Lachfalten um deinen Mund und die Rettungsringe um deine Mitte, auch wenn es da noch gar nicht viel gibt, was nicht gesehen werden darf. Licht von hinten dagegen mildert das alles – und warum solltest du nicht davon profitieren?

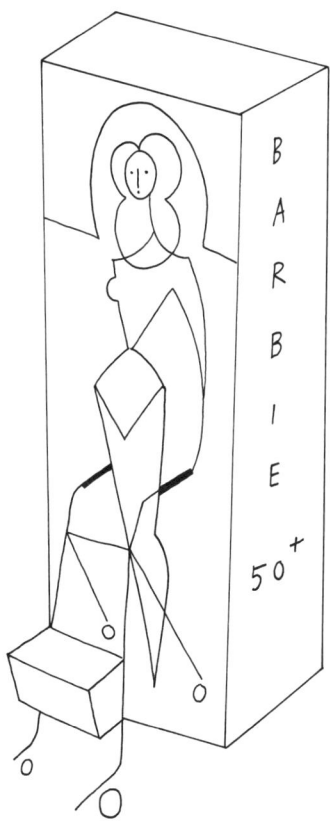

Du lässt sie einfach links liegen, all die Männer und Frauen, die sich abfällige Bemerkungen über das Aussehen von Frauen in fortgeschrittenem Alter erlauben. Sie verunsichern dich nur, auch wenn ihr eigenes Aussehen beweist, dass sie in Bezug auf die äußere Erscheinung im Allgemeinen und auf die von Frauen im Besonderen völlig unbedarft sind.

»Ich merke, wie ich verschwimme.
Von einer präzisen Zeichnung werde ich zur Skizze.«
»Ich will schön sein. Interessant sein kann ich später immer noch.«
»Ich war immer schön. Jetzt fühle ich mich wie ein Professor,
der sein Wissen verliert.«

Die Kinnlinie sackt ab, und unter unseren Augen erscheinen dunkle Ringe. Die Haut ist fahler geworden, und wir bekommen allmählich Falten. Unsere Figur verändert sich, die Konturen sind nicht mehr so ausgeprägt, wir werden breiter oder auch schmaler, und unsere Haare werden grau. Wir mögen uns noch so jugendlich fühlen – Gnade haben wir nicht zu erwarten. Die sieht nämlich selbst alt aus. Das Unwiderrufliche des Älterwerdens ist grausam. Wir werden trübsinnig, rebellieren, oder es packt uns die Wut. Aber das nützt alles nichts.

Dass wir allmählich älter aussehen, bedeutet jedoch nicht, dass wir zur Eidechse werden müssen, diesem furchtsamen Tierchen, das bei der kleinsten Kleinigkeit unter einen Stein flitzt. Es bedeutet, dass wir uns neu erfinden müssen. Das Jungsein ging ganz von allein, dem Älterwerden kann man dagegen nicht einfach seinen Lauf lassen.

Der größte Fehler, den wir machen können, besteht darin, uns an die Jugend zu klammern. Es gibt kaum etwas Peinlicheres als eine Frau in fortgeschrittenem Alter, die sich nach der allerneuesten Mode kleidet, die sich benimmt, als hätte sie noch fünfzig Jahre vor sich, und die entsprechende Naivität an den Tag legt.

Ist es wirklich so schlimm, dass du nicht mehr dreißig bist? Warum solltest du nicht dazu stehen, dass du achtundvierzig bist? Sieh dich mal um: Eine schöne ältere Frau kann weit mehr Charme entfalten als die meisten jungen Mädchen. Jung zu sein war nicht unbedingt besser oder an sich schon großartig. Wer das behauptet, der lügt oder leidet an katastrophalem Gedächtnisschwund. Das heißt noch lange nicht, dass du in brave Zurückhaltung verfallen und dir ein farbloses, unscheinbares Äußeres zulegen sollst. Im Gegenteil: Lass dich provozieren. Widerstand erzeugt Mut und Kraft. Auf elegante Weise älter werden, das geht nicht von selbst. Man muss viel dafür tun.

ANS WERK

>Ich habe Angst davor, hässlich zu werden.«
»Dann eben nicht mehr ganz so straff, aber dafür glücklich.«

Solange man jung ist, kann man immer mehr oder weniger schön sein. Man kann die Haare ruhig mal ungewaschen lassen, man kann einen Kater haben, man kann ein ungebügeltes Kleid tragen oder einen Schlabberpulli – kein Problem. *Jenseits der vierzig* dagegen ist Disziplin angesagt. Schön muss man nicht sein, viel wichtiger ist, dass man sich konsequent pflegt. Fehlende Zeit und wenig Geld sind keine Entschuldigungen dafür, ungepflegt aus dem Haus zu gehen. Pflege dich und deine Haut, auch wenn du es eilig hast oder vor Müdigkeit schier umfällst. Geh niemals ohne ein leichtes Make-up aus dem Haus und achte darauf, immer gut auszusehen, auch wenn dich niemand sieht.

>Ich kämpfe nicht gegen das Älterwerden an.
Allerdings sorge ich dafür, dass ich möglichst gut aussehe.«

Betrachte es als Aufgabe, dann kannst du immer attraktiv sein, für jemanden, der älter ist als du, genauso wie für jemanden, der etwas jünger ist. Wenn du genügend Energie investierst, bist du auch mit siebzig noch attraktiv. Ein gepflegtes Äußeres ist im Kampf gegen die übliche Verurteilung zum Altsein schon die halbe Miete.

Aber du musst es wollen, und du musst dir hierzulande auch immer wieder sagen, dass du dich nicht dafür zu genieren brauchst. In Italien und Spanien gibt es dieses Tabu nicht. Da sind sich die Frauen ihres Äußeren bewusst und machen kein Geheimnis daraus. Sie sind gut angezogen, gut geschminkt und gut frisiert. Das können wir auch.

»Die meisten Menschen sehen langweilig aus.
Ich will eine Sehenswürdigkeit sein.«
»Es ist so schön, besser auszusehen als die Menschen um dich herum.«
»Gut angezogen zu sein ist eine Pflicht.«

Wer auf sein Äußeres achtet, fühlt sich großartig. Wenn man sich gut fühlt, hat man eine fantastische Waffe gegen Sorgen und Enttäuschungen, ebenso wie gegen das allgemeine Unbehagen, das mit dem Älterwerden einhergehen kann.

Denkst du jedes Mal, wenn dich ein Ober übersieht: Na bitte, ich bin eben unsichtbar? Dann bist du es auch. Danach gehst du verbittert zurück auf Los, und das hast du ganz allein dir selbst zuzuschreiben. Siehst du dagegen gut aus, ist die Chance groß, dass dieser Gedanke gar nicht erst aufkommt. Du schnippst mit den Fingern, und schon ist der Ober da.

»Verzeihung, kann ich bestellen?«
»Aber sicher, was darf ich Ihnen bringen?«
Er zwinkert. Du auch.

DIE RACHE DER B-BEAUTYS

»Ich hab einen Beautyspurt hingelegt. Ich bin schöner als mit zwanzig.«
»Ich bin weiblicher als früher, obwohl ich nicht gerade straffer werde.«

Es gibt so etwas wie die Rache der B-Beautys. Die meisten von
uns waren in jungen Jahren zwar hübsch, doch wir wussten, dass
wir der einen hinreißenden Schönheit nicht das Wasser reichen
konnten. Glühend beneidet haben wir dieses unvergleichliche
Wesen mit der makellosen Figur und dem herrlichen Haar. Dieses Mädchen, das mit seinem Erscheinen jede Party und jede
Disco praktisch zum Stillstand brachte und jeden Jungen haben
konnte, auch denjenigen, den wir uns gerade mit so viel Mühe
geangelt hatten.

Auch sie wird älter, bekommt Probleme mit Falten, Gesichtshaaren und Fettpolstern an den falschen Stellen. Doch sie hat ihre Glanzzeit hinter sich, während du dich erst auf den Höhepunkt zubewegst. Du arbeitest hart daran, und die Erfahrung lehrt, dass du gute Chancen hast, mindestens so attraktiv zu werden, wie sie es einmal war (und wahrscheinlich viel interessanter).

Denn du bist von jeher daran gewöhnt, dass nichts von allein kommt und dass du dein Äußeres mit deinem Geist unterfüttern musst. Du weißt, dass du dir etwas einfallen lassen musst, weil du Männern nicht automatisch den Kopf verdrehst.

Mit viel Elan entwirfst du dich selbst. Du warst einmal zweite Wahl, jetzt bist du es nicht mehr. Denn du vertraust auf deine Persönlichkeit, und Persönlichkeit brauchte die Schöne von damals mangels Konkurrenz nicht groß zu entwickeln.

DIE MACHT DER PERSÖNLICHKEIT

Eine Frau über vierzig schert sich nicht mehr darum, wie sie ihre schönen Beine oder ihre tolle Figur am besten zur Geltung bringt. Ihre Schönheit kommt von innen. Wichtig ist jetzt, *wer* sie ist, und davon wird sie nach Kräften profitieren.

Wie? Auf vielerlei Weise und immer in dem Wissen, dass sie sich inzwischen weit mehr erlauben kann als in ihrer Jugend.

»Ich will exzentrisch sein. Das ist umso leichter, je älter man wird.«
»Ein paar Stammkunden im Supermarkt haben mich
heimlich beobachtet, weil ich so anders aussah als sonst.
Als ich davongeradelt bin, haben sie Beifall geklatscht.«

Diese Persönlichkeit baust du nach und nach aus, in kleinen Schritten und mit immer neuen Entdeckungen und Zutaten. Die neuen Elemente beziehst du aus deiner Art zu sein. Du findest sie in den Abenteuern, in die du dich stürzt, ebenso wie in dem Kurs, den du dein Leben einschlagen lässt. Sie spiegeln sich in der Kleidung wider, mit der du dem Wesen Gestalt gibst, das du verkörpern willst. Da du es nah bei dir selbst suchst, kann es lange so bleiben. Sei realistisch. Erlaube dir viel, aber nicht alles. Vermeide den falschen Schein ewiger Jugend. Wer sich mit fünfundvierzig wie ein junges Ding verhält, ist ein trauriger Fall, weiter nichts.

»Im Kopf halte ich an dem Gefühl fest: Ich bin hübsch.«

»Ich will sicher wirken, und dazu benutze ich mein Äußeres.«

»If you don't use it you lose it.«

TAKTIK

Es gilt, dein Äußeres mit deiner Persönlichkeit in Einklang zu bringen. Eine selbstverständliche Wechselwirkung zwischen beidem schafft eine selbstbewusste, attraktive Frau.

Achtest du nicht auf dein Äußeres, so lässt du erkennen, dass du es dir nicht wert bist. Wenn du selbst schon so denkst, weshalb sollten andere dann anders denken?

Eine Frau, die aus Gleichgültigkeit oder (falscher) Bescheidenheit ihr Äußeres vernachlässigt, schadet sich selbst. Sie steht abseits, und das hat sie sich selbst zuzuschreiben. Dabei könnte sie auf die Sicherheit vertrauen, die ein gepflegtes Äußeres verleiht. *Spiele mit deiner Weiblichkeit.* Bist du sexy, dann verschließ nicht die Augen davor. Fällst du nicht gern auf, zwing dich auch nicht dazu, aber investiere Energie. Mach – wie auch immer – deutlich, dass du ein angenehmer Anblick und ein angenehmer Umgang bist. Das zahlt sich aus: Du wirst wahrgenommen, und das ist immer schön.

»Eine unglückliche Frau ist selten schön.«

»Das Leben ist schön, wenn man sich schön fühlt.«

»Ich will ein angenehmer Mensch sein. Von außen und von innen.«

Erschrick nicht. Spielst du mit deinem Charakter und deinem Äußeren, so wird dir das von anderen Frauen nicht immer gedankt. Dass du dir deines Wertes bewusst bist, könnten sie als Bedrohung empfinden. So in der Art: Wenn die das alles tut, muss ich das auch.

Ignoriere ihre abfälligen Bemerkungen oder nimm sie am besten gleich als Kompliment: Ja, sagst du, ich weiß, ich sehe gut aus. Ja, du trägst immer Lippenstift auf, ja, du hast wenig Zeit und gehst trotzdem alle sechs Wochen zum Friseur – herrlich findest du das –, ja, du kannst auf den hohen Absätzen gut laufen, und ja, der Mantel war teuer – ist er nicht schön?

Was den Rest angeht: Seht ihn euch ruhig an.

Was du auf keinen Fall tun solltest: Komplimente abwehren oder abschwächen. Lobt jemand dein Kleid, dann sage nicht: »Es sitzt so gut«, und schon gar nicht: »Das hab ich im Ausverkauf gefunden«, oder: »Ach, das hab ich schon ewig.« Nein, du nimmst das Kompliment an, denn das ist auch für denjenigen, der es gemacht hat, viel angenehmer. Du verrätst nicht, dass die tolle Tasche gar nicht teuer war, sondern erzählst wahrheitsgemäß, dass du sie in einem italienischen Geschäft gekauft hast. Und das Kleid? Das hast du im Laden gesehen und wusstest sofort: Das ist was für mich.

»Ich freue mich jeden Tag darüber, dass ich als Dame aus dem Haus gehe.«

»Menschen, die ungepflegt wirken, können sich selbst nicht leiden, fürchte ich.«

DAS GEWICHT

»Eine gute Figur ist die halbe Miete.«

Entscheidend für das Äußere ist bei jeder Frau ihr Gewicht. Ebenso entscheidend ist das Unvermögen alternder Frauen, ihr Selbstbild mit der Realität des Spiegelbildes in Übereinstimmung zu bringen.

Sie sehen im Spiegel nämlich nicht ihr Spiegelbild, sondern das, was sie im Kopf haben. Sie sehen die Gazelle, die sie einmal waren, und machen sich in Gedanken schlanker: Die paar Pfund bin ich im Nu wieder los.

Oder umgekehrt: In ihrer Vorstellung sind sie noch genau dieselbe schlanke Tanne wie vor vielen Jahren. Sie wiegt doch noch genauso viel wie mit dreißig? Dass sie ziemlich mager geworden sind, retuschieren sie aus ihrem Bewusstsein.

Es wird Zeit für eine ehrliche Selbstbetrachtung.

»Meine Beine werden dünner, ich sehe schon aus wie ein Storch.«
»Ich hatte immer eine Wespentaille –
die habe ich jetzt nicht mehr. Schade, aber halb so schlimm.«
»Ich habe ein Doppelkinn bekommen.
Aber der Spiegel sagt mir, dass meine Hüften noch okay sind.«

DICK ODER DÜNN?

Hol die Kleider aus dem Schrank, die deine Figur am besten zur Geltung bringen. Zieh sie an, dazu passende Schuhe und Schmuck, und bürste dir die Haare. Nun halte dich gerade und blicke in den Spiegel. Sei ehrlich.

Nein, keine Ausflüchte, sei absolut ehrlich.

Was siehst du?

Bist du mager?
Bist du dick?
Bist du vollschlank?
Bist du wie alle anderen?
Stelle nachdrücklich fest: So bin ich.

WIE MÖCHTEST DU SEIN?

Jetzt sieh noch einmal hin. Bist du zufrieden mit deiner Figur?
Oder wärst du gern anders?

Antworte nicht sofort, und untermauere deine Wünsche mit ausgewogenen Argumenten.

Bedenke: Dünn wirkt alt.

Bedenke: Dick macht jünger.

Bedenke: Modische Kleidung gibt es in Übergrößen kaum.

Bedenke: Dünn lässt sich schöner anziehen.

Bedenke: Ob du nun schwerer oder leichter werden willst: Etwas zu werden, was man nicht ist, erfordert ausreichend Stehvermögen.

»Dicke Frauen können so schön sein.«

»Ich habe schöne Brüste, wenn ich dick bin. Meine Haut ist dann straff, und die Falten füllen sich auf.«

»Dick sein darf ich nicht, das will ich anderen nicht antun.«

»Mein Bauch darf nicht über meine Brüste vorstehen.«

Weißt du schon, was du willst? Denk noch mal in Ruhe darüber nach, und nun beziehe deinen Lebensstil in deine Überlegungen ein.

ISST UND TRINKST DU GERN GUT?

Dann finde dich mit deinem Gewicht und dem dazugehörigen Äußeren ab. Nenn deine Fettpolster *love handles* und wähle konsequent Kleidung mit guter Passform. Vermeide fließende Stoffe und lass dir nicht die formlosen Umhüllungen aufschwatzen, die man dir im Spezialgeschäft für Übergrößen andrehen will. Such dein Heil jedoch nicht in enger Kleidung, denn eng anliegen sollte sie nur an den richtigen Stellen.

Wenn du dick bist, geh auf keinen Fall in Sack und Asche durchs Leben. Hüte dich vor Gewändern, die de facto aus aneinandergenähten Lappen bestehen.

Trage auf keinen Fall Kleider, die »sorry« sagen, verhülle nichts.
sondern lenke allenfalls die Blicke auf einen schönen Hut, auf
blitzenden Schmuck, auf eine interessante Sonnenbrille.
Bring deine Umgebung nicht in Verlegenheit. Sei schön und behalte gewisse Geheimnisse für dich. Am Strand schlüpfst du in
eine Tunika, sobald du aus dem Wasser kommst.

»Ich kann abnehmen, wenn es sein muss,
aber dann darf ich gar nichts mehr. Da trage ich lieber keinen Bikini.«

MACHT DEIN ÄUSSERES DICH UNGLÜCKLICH?

Findest du dich viel zu dick oder zu dünn? Willst du wirklich alles daransetzen, das zu ändern?

Dann rück deinem Gewicht ernsthaft zu Leibe. Fang nicht morgen damit an, sondern noch heute. Die Zeit drängt, denn ob du nun ab- oder zunehmen willst: Schnell geht es nicht.

Nimm dir Zeit – das ist das größte Geheimnis erfolgreicher Gewichtskontrolle.

»Ich darf nicht aus dem Leim gehen. Auf gar keinen Fall.«

Ab fünfzig wird das Abnehmen noch schwerer. Mit steigendem Alter braucht der Körper immer weniger Energie, um den Status quo beizubehalten.

Sechzigjährige benötigen zwar deutlich weniger Kalorien, aber der Appetit bleibt derselbe. Das ist eine Katastrophe, denn von (fast) nichts nimmt man schon zu. Allein das Gewicht zu halten ist schon Schwerarbeit, abzunehmen erst recht.

»Auf dem Tiefpunkt trage ich weite Sachen
oder viel Schwarz, das hilft auch.
›Hast du abgenommen?‹, werde ich dann gefragt.«

DICK SEIN, DÜNNER WERDEN WOLLEN

Diäten gibt es wie Sand am Meer. Manche helfen viel, alle helfen ein bisschen, aber: Eine Diät ist immer nur der Anfang.

Auf das Sprungbrett der gelungenen Diät und der spektakulären Gewichtsabnahme folgt das Weitermachen. Schließlich willst du die verlorenen Kilos, die sich ständig wieder in deinem Körper einnisten wollen, nicht zurückhaben. Viel Wasser trinken, eine ausgewogene Ernährung und ein radikaler Verzicht auf Snacks und Zwischenmahlzeiten sind das A und O im Kampf um die Wunschfigur. Wenn dir das zu viel Mühe bereitet, schreib fünf Tage lang genau auf, was du isst. Das wirkt enorm disziplinierend, außerdem wirst du staunen, was du an einem Tag so alles in dich hineinschiebst. Dabei hast du gedacht, du isst fast nichts.

Eine große Gefahr ist dein Umfeld. Da findet man dich »ungemütlich«, wenn du nichts von der Wurst nimmst, und wenn du ein Törtchen ablehnst, ist das schon fast unhöflich, immerhin sind die Törtchen eigens für den Anlass besorgt worden. Die einzig praktizierbare Abwehrmaßnahme: Lass dich nicht auf Diskussionen ein. Sag ganz gelassen, du möchtest nichts, und wechsle das Thema.

NICHT ZUNEHMEN HEISST WIRKLICH NICHT NASCHEN

Auch kein Stückchen Käse zwischendurch. Verschenk die Bonbondose diskret weiter oder nimm sie mit ins Büro und verteile die Bonbons an die Kollegen. Lass dir nie mehr ein Stück Kuchen zum Kaffee oder Tee auftun, nimm keine Törtchen (auch keine Petits Fours) an, lehne auch die eine Handvoll Erdnüsse ab und lass im Restaurant das Brot im Körbchen, neben der Kräuterbutter.

Geh am Bonbonladen vorbei und lass dich von dem betörenden Lakritzduft nicht dazu verleiten, ein Tütchen zu kaufen.

Lass die Imbissbude links liegen. Bleib standhaft, wenn dir der köstliche Duft nach Pommes in die Nase steigt. Verkneife dir die Portion Extrakalorien und geh weiter.

Iss und trink nichts auf der Straße, denn was du da bekommst, ist immer fett oder üppig gezuckert.

Iss kein Fast Food. Auf gar keinen Fall! Geh nicht zu McDonald's, auch nicht, um einen ach so gesunden Salat zu essen. Ehe du dich's versiehst, hast du dir einen Milchshake bestellt oder einen Cheeseburger, und genau darauf setzen solche Restaurants.

Alkohol macht dick (und Falten, aber das ist ein anderes Thema). Es wird also Zeit, deinen Alkoholkonsum einzuschränken. Bleib bei einem Glas Wein pro Tag, höchstens zwei. Zum Essen, möglichst nicht davor, denn Alkohol regt den Appetit an.

Es ist schwer. Sehr schwer. Plötzlich hast du doch einen Hotdog zwischen den Zähnen oder eine Wurstscheibe oder einen Schokoriegel, und du hast keine Ahnung, wie er dahin gekommen ist. Dein Instinkt war schneller als dein Gehirn. Wenn man den gewähren lässt, ist der Mensch ein Weidetier. Tröste dich mit dem Gedanken, dass die Lust auf etwas Leckeres allenfalls eine Viertelminute anhält, einschließlich des flauen Gefühls im Magen und des Wassers, das dir im Mund zusammenläuft.

Reiß dich zwanzig Sekunden lang zusammen. Schmachte, wimmere, fluche. Zähle notfalls die Sekunden. Erlebe, wie sich die Lust auf den verführerischen Happen Landjäger verflüchtigt, wie eine Karamelle zum Rückzug bläst, wie eine Chipstüte geschlossen bleibt.

Am Ziel bist du damit allerdings noch lange nicht. Bei jeder neuen Anfechtung heißt es wieder zwanzig Sekunden leiden. Aber: Wenn du das vier Wochen durchhältst, merkst du, dass es immer leichter wird, ein Stück Schwarzwälder Kirsch abzulehnen oder auf die Mousse au Chocolat zum Nachtisch zu verzichten, auch wenn sie dich noch so verführerisch anlacht.

144

LASS ES

- Bevor du die Chipstüte aufmachst,
- bevor du dieses leckere Dessert bestellst,
- bevor du dir von der Schokolade nimmst,
- bevor du zu einem Käsewürfel greifst,
- bevor du dir Pommes mit Mayo bestellst,
- bevor du dir einen Döner holst, überlege:
- Ist das die Sünde wert?
- In der Regel lautet die Antwort: nein.
- Und dann lässt du es.

TRICKS

Um eine Imbissbude kann man einen Bogen machen, das ist noch das geringste Problem. Doch ins Restaurant geht jeder mal, und da ist es oft schwer, sich zu beherrschen. Der soziale Druck ist groß (»Komm, jetzt sei doch nicht so ungemütlich«), und eine gute Speisekarte weckt deine Ess- und Naschlust. Aus Angst vor solchen Situationen nie mehr essen zu gehen wäre jedoch unsinnig und ungesellig.

Ein Trick: Iss im Restaurant den Teller nie ganz leer, sondern lass immer ein Viertel stehen, besser ein Drittel. Verzichte grundsätzlich auf Käse und Desserts, die machen nur dick. Kaffee ist übrigens auch ein Dessert und setzt *nicht* an.

Wähle die grünste Vorspeise, dann kannst du dir auch das Hauptgericht erlauben, das du so gern isst. Oder nimm statt eines Hauptgerichts zwei Vorspeisen, erst eine kalte, dann eine warme.

ALLES IN ALLEM: NICHT ÜBERTREIBEN

Hege keine übertriebenen Erwartungen. Zehn Kilo am Stück loszuwerden ist Schwerstarbeit – im Grunde ist das Scheitern da schon vorprogrammiert. Tu dir das nicht an: Nach jedem Misserfolg wird es schwieriger, den Kampf gegen die überschüssigen Pfunde wieder aufzunehmen.

Sei realistisch. Beginne mit fünf Kilo. Wenn du die los bist und dein Körper sich nicht mehr wie eine hungernde Maschine, sondern wieder wie dein Köper anfühlt, dann versuche dieses Gewicht ein halbes Jahr lang zu halten. Das allein ist schwer genug. Danach nimmst du die nächsten drei Kilo in Angriff.

Die Waage. Selbst wenn du dein Wunschgewicht erreicht hast, solltest du dich regelmäßig – am besten jeden Morgen – auf die Waage stellen, um dich unter Kontrolle zu halten. Nur so kannst du feststellen, ob du nicht doch wieder zugenommen hast, und

kannst du rechtzeitig anfangen, zu deinem Wunschgewicht zu-
rückzukehren.

*»Als ich nackt vor einem belgischen Freund stand, sagte er entzückt:
›Ah, eine* fausse maigre!*‹ Das fand ich schön.*
Klingt doch viel besser als
das blöde ›vollschlank‹.«

ZUNEHMEN

Dicker zu werden scheint auf den ersten Blick leichter, als dünner zu werden. Einfach tüchtig essen, keinen Snack auslassen,
sich immerzu Sahnetorte und Schokolade gönnen und jeden Tag
einen Cheeseburger, dann ist das kein Problem.
Dachtest du.
Aber: Munter drauflos fettes Zeug hinunterzuschlingen verursacht Übelkeit und ist zudem katastrophal für die Haut. Abgesehen davon, ist die Methode auch gefährlich. Du nimmst zwar zu,
aber dieser Schmerbauch, der ausladende Hintern, das Doppelkinn – hast du das wirklich gewollt?

»Ich muss aufpassen, dass ich nicht so einen
schmalen Altweiberkopf bekomme.«

ISS, ABER LASS ES LANGSAM ANGEHEN

Baue die Gewichtszunahme nach und nach auf und plane sie
langfristig. Entscheide dich nicht für pfundweise Sahnetrüffel,
für Limo und Fast Food, sondern für regelmäßiges, gesundes
Essen in vernünftigen Mengen und zu festen Zeiten. Iss immer
knapp über den Hunger hinaus, nimm dir stets etwas mehr, als

du zu brauchen glaubst, und trinke dazu Milchkaffee – die Milch setzt unmerklich an.

SPORT MUSS SEIN

Jenseits der vierzig und erst recht jenseits der fünfzig solltest du ohnehin Sport treiben. Davon allein nimmt man nicht ab, doch die Muskeln bleiben geschmeidig und bescheren dir anmutige Bewegungen und – egal ob im Sitzen oder Stehen – eine gute Haltung. Wer sich aufrecht hält, der sieht gut aus. Du fühlst dich wohler in deiner Haut und damit auch in deinen Kleidern.

Hast du etwas gegen Sport? Woran liegt das? Hältst du nichts von Teamgeist, oder verlierst du nicht gern? Wenn du keinen Sport treiben magst, gehe spazieren. Am besten jede Woche, mindestens aber alle zwei Wochen ein paar Stunden. Spazierengehen fühlt sich nicht wie Sport an und sieht auch nicht so aus. Während du gemütlich durch die Landschaft stiefelst und alles Mögliche siehst und erlebst, bewirkt der Spaziergang dasselbe wie »richtiger« Sport. Kostet dich das zu viel Zeit, dann geh zweimal in der Woche eine halbe Stunde schwimmen. Das ist immer drin, und Schwimmen hat eine hervorragende Wirkung auf deinen Körper.

PS: Mit Schwimmen meine ich Bahnen ziehen. Nach Möglichkeit solltest du brustschwimmen, denn dabei werden die Muskeln auf vielfältige Weise beansprucht. Trage Schwimmbrille und Bademütze, dann kannst du den Kopf unter Wasser nehmen, das beugt einer steifen Nacken- und Schultermuskulatur vor. Schwimmen bedeutet also nicht, dass du gemütlich im Wasser herumplätscherst und dabei mit einer Freundin plauderst. Das mag zwar mehr Spaß machen, aber für den Körper bringt es so wenig, dass es in erster Linie Zeitverschwendung ist. Und: Sonnenbrille und Lippenstift für den Heimweg nicht vergessen.

FÜR WEN?

Ja, für wen legst du dich eigentlich so ins Zeug? Für wen nimmst du ab, kleidest dich gut, hältst dich zurück, gibst dein Bestes? Was bezweckst du damit?

Mal ehrlich: Wir geben unser Bestes für uns selbst. Ein gutes Aussehen stärkt das Selbstwertgefühl. Natürlich leugnen wir auch nicht, dass wir unser Äußeres einsetzen, um ums gegenüber anderen zu positionieren. Das kann schon mal in Angeberei und Machtdemonstrationen ausarten, muss es aber nicht.

> »Mein Äußeres hängt davon ab, mit wem ich mich treffe.«
> »Frauen schauen vor allem auf Frauen. Dein Äußeres verrät,
> wie du dich Frauen gegenüber verhältst.«
> »Für Schüler A ziehe ich mich anders an als für Schüler B.
> Und für die ganze Klasse wieder anders.«

Dein Äußeres ist ein Kompliment. Eine Verneigung vor jedem Menschen, dem du begegnest, denn schön auszusehen ist ein Zeichen von Respekt und Freundlichkeit. Ein gepflegtes Äußeres bedeutet, dass du für andere dein Bestes gibst, dass du Wert legst auf die Aufmerksamkeit derer, die deinen Weg kreuzen.
Mach dich schön für ein Essen, ob mit einem Freund, mit einem deiner Kinder, mit deinen Nachbarn oder mit ein paar Freundinnen von früher. Du zeigst damit, dass dir das Treffen wichtig ist.
Umgekehrt kann ein nachlässiges Äußeres fatale Folgen haben. Wenn du in einer uralten Jacke und ausgetretenen Schuhen zur Arbeit gehst, bedeutet das: Liebe Kollegen, ihr interessiert mich nicht die Bohne – auch wenn es gar nicht so gemeint ist.
Der Blick des Männerauges spielt ebenfalls eine Rolle. Ein gepflegtes Äußeres macht die Dinge einfacher und Kontakte geschmeidiger.

»Ich will nicht feststellen müssen, dass ich nichts bewirke.«
»Wenn meine Kollegen mir ein Kompliment machen,
fragen sie gleich im Anschluss: Oder darf ich das nicht sagen?
Doch! Das ist ja der Zweck der Übung.«

Allerdings geht es um mehr als nur darum, Aufmerksamkeit zu schenken und zu empfangen. Wir alle werden von jedem Menschen betrachtet, dem wir begegnen, umgekehrt betrachten auch wir jeden, mit dem wir zu tun haben. Wir alle – ohne Ausnahme – machen uns ein Bild von anderen, das sich in der Regel auf flüchtige Eindrücke gründet. Auf den Eindruck, den das Äußere hinterlässt.
Vernachlässigst du dein Äußeres, wird man dich kaum als »hässlich« bezeichnen. Viel schlimmer: »Hässlich« ruft Mitleid hervor, du dagegen rufst Ärger hervor. Wer ungepflegt aussieht, weckt den Verdacht, dass es ihm nicht gutgeht. Leider stößt Unglück ab. Es isoliert.

SPIEGLEIN, SPIEGLEIN AN DER WAND …

Der Spiegel ist ein Feind, den wir erfolgreich bekämpfen. Niemand sieht so aus, wie er auszusehen glaubt. Es wirkt ernüchternd, wenn wir uns unerwartet im Spiegel erblicken. Das ist so ähnlich, wie wenn wir unsere Stimme auf Band hören. Wir denken: O Gott, bin ich das? Und dann sagt jemand zu unserer Bestürzung: Ja, das bist du.

»Ich sehe meine Beine im Spiegel. Shit! Ich baue ab!«
»Solange ich nicht in den Spiegel schaue, ist alles in Ordnung. Ich gehe als junge Blüte durchs Leben. Allerdings bin ich die Einzige, die das weiß.«

Du wunderst dich deshalb, weil dein Selbstbild deinem tatsächlichen Aussehen im Schnitt zehn Jahre hinterherhinkt. So fühlst du dich, und so willst du dich auch im Spiegel sehen. Und es gelingt: Du betrügst den Spiegel, indem du dein Spiegelbild korrigierst.

»Wenn ich in den Spiegel schaue, weiß ich, wie ich mich fühle.«
»Spiegel sind überall, und ich überprüfe immer schnell,
ob ich gut aussehe und den Bauch genug eingezogen habe,
sogar in Schaufensterscheiben, eigentlich überall ...«
»Manchmal ist der Spiegel eine Freude, manchmal ein Fall von ›O Gott!‹«
»Weil eine Freundin von mir Falten zwischen den Brüsten hat,
sehe ich im Spiegel vor allem, dass ich keine habe.«
»Ein Glück, dass der Po hinten sitzt, da muss ich ihn nicht sehen.«

Ist so ein Betrug schlimm? Überhaupt nicht. Es ist nicht das Geringste dagegen einzuwenden, dass du dich selbst mit Milde betrachtest.

Allerdings kann es auch nicht schaden, wenn du dich daran gewöhnst, dir so, wie du bist, ins Auge zu blicken. Ja, ich bin keine fünfundzwanzig mehr, denkst du dann, und auch keine fünfunddreißig. Anschließend stellst du fest, dass deine Beine noch tadellos und deine Arme auch nicht schlecht sind. Deine Frisur sitzt gut, und dein Gesicht ist eigentlich recht hübsch, besonders wenn du das grüne Kleid trägst.

»Ich habe ein Spiegelgesicht. Ich schaue mich verführerisch an.«
»Jetzt, da ich alt bin, betrachte ich mich als etwas Angenehmes.«

FOTOS SIND SCHLIMMER ALS SPIEGEL

Fotos können die gleiche Wirkung haben wie ein unerwartetes Spiegelbild, nur noch schlimmer. Man kann ihnen viel schwerer aus dem Weg gehen, und sie haben ihren Preis. Offenbar muss immer und überall jemand mit Kamera oder Handy festhalten, wie schön es gerade ist. Und jedes Mal erkennst du dich nicht wieder auf dem Foto, das im Gegensatz zum Spiegelbild nicht flüchtig, sondern mit Händen zu greifen ist.

Schrecklich, all die Schnappschüsse, die da herumgereicht und betrachtet werden, wo du darauf doch ganz anders aussiehst als in Wirklichkeit, nämlich alt, schlaff, fleckig, strähnig, dämlich und dürr.

Wir alle haben gelernt, uns nicht so anzustellen. Deshalb tun wir so, als ob es uns nicht kümmert, wenn eine Kamera auf uns gerichtet wird oder eins von diesen grauenhaften Bildern die Runde macht. Tapfer schlucken wir unsere Enttäuschung hinunter.

Niemand verdient es, wegen eines Fotos trübsinnig zu werden. Gib dir eine Chance. Sei nicht scheinbar natürlich, wenn du fotografiert wirst, genauso wenig wie bescheiden, albern oder verlegen. Wirf dich in Pose, übe verschiedene Gesichtsausdrücke vor dem Spiegel, finde heraus, wie deine Figur am besten zur Geltung kommt, und präge es dir ein. Dann rufst du dir jedes Mal, wenn ein Objektiv auf dich gerichtet wird, deine goldenen Fotoregeln in Erinnerung.

DIE GOLDENEN FOTOREGELN

- *Lachen.* Lachen zieht die Falten nach oben. Aufwärtsfalten sind hübscher als Abwärtsfalten.
- *Ohne Lippenstift und Wimperntusche* lässt du dich nicht fotografieren. Auf ein gutgemeintes Porträt direkt nach dem Aufstehen legst du keinen Wert.
- *Bei hartem Licht von Norden* lässt du dich ebenfalls nicht fotografieren. Solches Licht betont bloß Ärger oder Kummer, der nichts auf einem Foto zu suchen hat.

- *Grelles Licht steht niemandem*, egal ob es von der Seite kommt, aus einer Neonröhre oder einer Halogenlampe. Setzt du dein Gesicht dem vollen Licht aus, verschwinden deine Augen hinter zugekniffenen Lidern. Aber auch sonst ist grelles Licht ein Attentat auf dich. Es macht die Haut alt und blass und wirft Schlagschatten auf deine Krähenfüße. Das hat dir gerade noch gefehlt. Geh in den Schatten. Erst dann wird fotografiert.
- *Blitzlicht lässt du nicht zu.* Oder willst du, dass selbst die kleinste Falte zur Kerbe wird, dass jeder Fleck und jede Sommersprosse nicht nur sichtbar, sondern auch noch besonders hervorgehoben werden? Wenn der Fotograf nicht ohne Blitz auskommt, gibt es eben kein Foto.

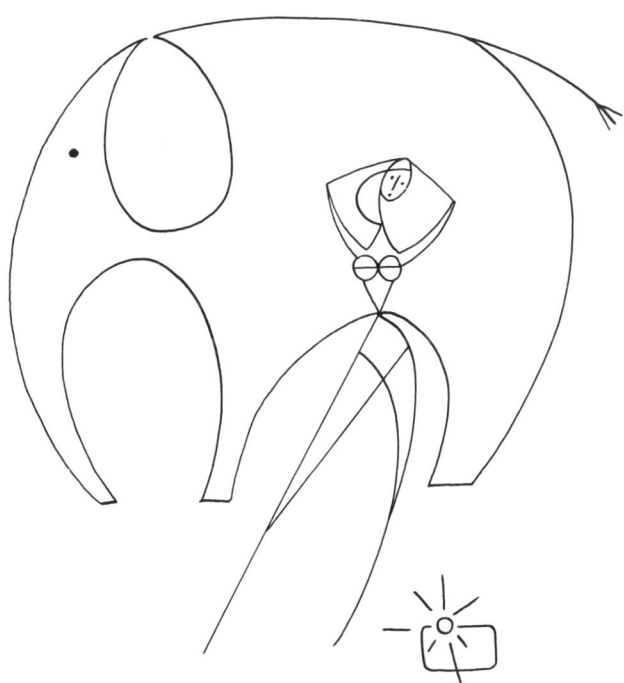

- *Stemm die Hände in die Seiten,* wenn du in voller Größe aufgenommen wirst, das betont die Taille (auch wenn sie ein bisschen im Nebel der Zeit verschwunden ist). Achte darauf, dass die Ellenbogen dabei nach außen zeigen.
- *Halte die Arme bei dir.* Wenn du kurze Ärmel trägst, lege die Arme nicht um diejenigen, die mit aufs Bild kommen. Wenn sie wollen, können sie dich umarmen. Oberarme neigen dazu, im ausgebreiteten Zustand zu hängen, vor allem wenn ein Amateurfotograf ein unkontrolliertes Spiel von Licht und Schatten auf sie loslässt.
- *Zieh die Knie leicht hoch,* wenn du in einem Liegestuhl fotografiert wirst. Dicke Schenkel wirken dann schlanker.
- *Der Fotograf sollte jemand sein,* der dich mag. Er weiß, wie du am besten aussiehst, und das ist von Vorteil. Du blickst lieb in die Kamera, denn du erwiderst seine Zuneigung. Auch das ist von Vorteil, und das Ergebnis ist ein strahlendes Porträt.
- *Brust raus, Schultern runter, Po nach hinten,* so lautet der Rat eines berühmten niederländischen Fotografen. Das macht keck und selbstbewusst, meint er. Außerdem empfiehlt er seinen Modellen, an etwas Schönes zu denken. Wer liebt, der ist schön – dieser Gedanke steht dahinter. Wie kämen wir dazu, seinen Rat in den Wind zu schlagen?

Trotz all dieser Maßnahmen kann es passieren, dass du dich auf einem Foto nicht wiedererkennst. Dann mach dir klar, dass Fotos kein Beweismaterial sind und du nicht unter Eid stehst. Übe Zensur.

Suche die besten Bilder aus, den Rest vernichtest du. Zerreiß die Abzüge, zwing den Fotografen, die Aufnahmen vom Speicherchip der Kamera und der Festplatte des PCs zu löschen. Sag ihm rundheraus, dass du eitel bist und dass so ein Bild dich unglücklich macht. Auf seine Antwort gibst du nichts.

156

»Fotos überraschen mich jedes Mal. Was, das soll ich sein?«
»Auf Fotos sehe ich es: Oje, ich bin eine Frau in mittleren Jahren.«
»Fotos lege ich meistens weg. Meine Erinnerungen genügen mir.«

KLEIDER MACHEN LEUTE

Kleidung aussuchen, kaufen und tragen

Da kommt sie.

Wie alt sie ist? Keine Ahnung.

Sie trägt eine Hose aus Jeansstoff und Schuhe mit flachen viereckigen Absätzen. Ihr Regenmantel reicht bis knapp über die Knie. Er steht offen, so dass man ihre Hemdbluse und die pastellfarbene Lambswooljacke sieht. Sie trägt einen schlichten Ring, eine schlichte Kette und schlichte Ohrstecker. Ihre grau durchsetzten Haare haben einen praktischen Schnitt. Vielleicht trägt sie auch eine farbige Brille.

Warum?

Da kommt das andere Schreckgespenst.

Wie alt sie ist? Keine Ahnung.

Unter ihrer zartrosa Jacke mit der Katzenapplikation auf dem Rücken trägt sie einen Pulli mit eingestrickter Mickey Maus. Ihre Beine stecken in Leggings, darüber trägt sie möglicherweise einen kurzen Lycrarock. Auf dem Kopf hat sie eine Mütze mit der Aufschrift »Love« über dem Schirm. Dazu einen kleinen Rucksack, Motivsocken, Schleifen an den Turnschuhen und ein Band um die Taille.

Warum?

Bitte. Finde Gefallen an dir selbst, genieße schöne Kleidung. Sei erwachsen. Sei schön. Komm nicht mit Ausreden wie: »Kleider interessieren mich nicht«, oder: »In schönen Sachen kann ich nicht Rad fahren.« Wer sich nicht für sein Aussehen interessiert, der gibt sich auf, und das kann nicht der Sinn der Sache sein.

Im Übrigen kann man auf einem Rocksattel in jedem Outfit Rad fahren. Wenn es regnet, setzt du einen Hut oder einen Südwester auf, oder du ziehst ein Regencape über. Trägst du darunter einen tollen Mantel, ist die Wirkung groß, wenn du es ablegst.

Schöne Kleidung und gesteigerter Wert auf Aussehen sind sogar in der Biologie verankert. Untersuchungen haben ergeben, dass Frauen um den Eisprung herum, also einmal im Monat, so einiges tun, um sich attraktiver zu machen: Sie tragen häufiger modische Kleidung, mehr Schmuck, und sie zeigen mehr Haut. Sie sind fruchtbar, und das wollen sie kundtun.

»Kleidung ist wie reden ohne Worte.«
»Nicht schön ist man von selbst.«
»Ich nehme mein Inneres ernst und deshalb auch mein Äußeres.«
»Wenn ich die Kleider an den Altweiberständern sehe –
grauenhaft!«
»Wenn ich die Kleider an den Teenagerständern sehe –
genauso grauenhaft!«

DIE MODE?

Nichts zu machen: Jenseits der vierzig hat es wenig Sinn, ultramodern sein zu wollen. Die Mode tut ihr Bestes für die Frau von fünfundzwanzig, nicht für dich. Die Kleiderständer hängen voll mit Sachen für deine Töchter oder Enkelinnen. Mit dir, deinem Äußeren und der Art, wie du dich sehen willst, haben sie nichts zu tun.

Überlass die Flatterhose und den kurzen Rock der Jugend und vergiss die scharfen Kleidungsstücke, die den Bauch – ob nackt oder nicht – freilassen.

»So ein weites Shirt über nackten Brüsten, das fand ich immer sexy. Aber jetzt kann ich das echt nicht mehr tragen.«

MODE = WÄHLEN

Es ist nun mal eine Tatsache. In reiferem Alter kann niemand mehr so richtig mit der Mode gehen. Die Mode ist mehr oder weniger exklusiv auf junge Frauen zugeschnitten, eigentlich speziell auf junge Mädchen. Das heißt jedoch nicht, dass Mode für uns grundsätzlich uninteressant wäre.

Wir machen sie uns sehr wohl zunutze, wenn auch selektiv, indem wir herauspicken, was uns steht – und ansteht. Wir gehen nur dann mit der Mode, wenn sie zu uns und zu dem passt, was wir darstellen möchten.

Manchmal erliegst du einer Modelinie, weil dein Geschmack sich unwillkürlich dem aktuellen Straßenbild anpasst. Ist etwas eine Zeitlang in, kaufst du es automatisch, auch wenn es dir anfangs nicht gefallen hat. Meist kannst du es dann allerdings gleich wieder wegtun, denn es passt zu nichts, in deiner Garderobe jedenfalls. Was sollst du mit Kleidern für hinreißende junge Mädchen?

Lass dich nicht entmutigen von einer Mode, die vulgär oder zu kindlich für dich ist. Steht sie dir zufällig, dann trag sie, ansonsten halte dich an die Begleitmusik: Accessoires wie Schals, Schmuck und Strümpfe. Tu es jedoch bitte nicht blindlings, denn dem Diktat der Mode unterwirfst du dich nicht mehr. Du wählst sorgfältig aus und achtest streng darauf, was zu dir passt.

Wer jung ist, kann sich die größten Verrücktheiten erlauben. Bei einem jungen Mädchen mag eine Sicherheitsnadel im Ohr witzig oder eine Jeans mit einem Riss an wohlüberlegter Stelle schick aussehen.

Eine reife Frau kann sich wiederum alles erlauben, was die Jugend nicht kann: ein Kostüm, einen extrem weiblichen Mantel, einen aufwendigen Schal, eine Perlenkette. Wenn junge Mädchen so etwas tragen, sehen sie aus wie verkleidet. Solcher Luxus steht nur Älteren.

>»Ich ziehe mich schön an,
>für mich ganz allein.«
>»Eigentlich finde ich es herrlich,
>mit dem Strom zu schwimmen.
>Manchmal gehe ich extra jobben,
>damit ich eine alte Hose
>und ein verwaschenes T-Shirt anziehen kann.«

DIE MODE? C'EST MOI

Im Gegensatz zu einer jungen Frau hat eine Vierzig-, Fünfzig- oder Sechzigjährige keine Angst mehr davor, sich so zu zeigen, wie sie ist. Auch geniert sie sich nicht dafür, dass sie weiß, wie sie das anstellen muss. Sie lässt ohne Hemmungen erkennen, wofür sie steht. Dabei geht sie nicht von der Mode aus, sondern von sich selbst.

>»Als junges Mädchen habe ich
>mich extravagant gekleidet.
>Jetzt geht es mir vor allem darum,
>nicht durchschnittlich zu sein.«

KEINE TRÄUME, SONDERN TATEN

Wie Kleider fallen, ob ein Kleid dir steht, was ein Rock dir antut, ob deine Hüften in der engen Hose gut zur Geltung kommen, ob dieser weite Kittel wirklich etwas für dich ist – all das hängt von der Selbstsicherheit ab, mit der du die Sachen trägst. Aber nicht nur. Es ist nun mal so: Für die Wirkung deiner Kleidung ist dein Körper maßgebend.

Mit dem Älterwerden verändern wir uns äußerlich. Das wissen wir, und trotzdem wollen wir es nicht wahrhaben. Deshalb gehen wir unserem eigenen Anblick auch so gern aus dem Weg. Wir sehen uns in Bildern aus der Vergangenheit, meinen etwas anderes. Im Grunde sagen wir: So habe ich mich nicht in Erinnerung.

Doch stetiger Selbstbetrug hilft nicht weiter. Nur eine Frau, die sich ehrlich über ihren Körper Rechenschaft ablegt, weiß, welche Kleider ihr stehen und welche sie besser nicht kaufen oder vielleicht dem Roten Kreuz spenden sollte.

Es kann ein kleiner Schock sein, und dennoch führt kein Weg daran vorbei: Sehen wir unserem Körper ehrlich ins Auge.

ERKENNE DEINEN KÖRPER UND MACH DAS BESTE DARAUS

Sorge dafür, dass du alleine zu Hause bist, und ziehe dich aus. Stell dich vor einen Spiegel, in dem du dich von Kopf bis Fuß betrachten kannst. Es muss bei Tageslicht sein, die Nacht ist zu gnädig. Künstliches Licht verzerrt, der Tag dagegen ist ehrlich.

Nimm dir Zeit, dreh dich ein paarmal hin und her, sieh noch mal genau hin und finde heraus, was dein größtes Plus ist. Man muss suchen und abwägen, aber irgendetwas findet sich immer auch im höheren Alter. Irgendetwas an dir ist noch gut.

Hast du einen wohlproportionierten Körper? Straffe Schultern? Lange, gerade Beine? Schöne Brüste? Einen flachen Bauch? Einen glatten Hals? Beeindruckende Hüften? Eine betonte Taille? Einen betörenden Augenaufschlag?

DAS PARADESTÜCK

Wähle das Beste an dir aus und sei stolz darauf. Verstecke deine Pluspunkte nicht und verdränge sie auch nicht, sondern nutze sie. Hör nicht auf, deinen Vorteil daraus zu ziehen, auch nicht im reiferen Alter.

Wer schöne Waden hat, macht sich auf die Suche nach Schuhen,

Röcken und Kleidern, die sie besonders gut zur Geltung bringen. Hosen und lange Röcke bleiben dann eben im Schrank. Hast du einen wohlgeformten Po, dann tu ihm mit einem gut geschnittenen Rock, einem passenden Kleid oder einer gut sitzenden Hose Ehre an. Ein schönes Dekolleté hat ein Recht darauf, stets sichtbar zu sein, mal ein bisschen verführerisch, mal in voller Pracht. Spiel deine Stärke aus. Alles, was du trägst, sollte sie hervorheben, denn damit wird sie zum Paradestück. *Sei nicht bescheiden.* Vieles ist möglich, und mit dem nötigen Selbstbewusstsein kannst du durchaus einiges wagen. Die Modedesignerin Vivienne Westwood trägt mit ihrer mehr als stattlichen Figur die irrsten Kleider. Ihre Ausstrahlung macht sie über jegliche Kritik am Umfang ihrer Hüften und ihres Gesäßes erhaben. Ich kann mir diesen Hintern leisten, denn er ist, was ich bin – genau das strahlt ihre Erscheinung aus, und das lässt niemanden kalt.

»Ich ziehe alles an, was mich schöner macht.«

»Ich bin immer overdressed, und ich entschuldige mich nicht dafür.«

DEFINIERE DEINEN STIL

Trage Kleider, in denen du dich selbstsicher und schön fühlst, und wähle dazu Schuhe, die dir gefallen. Schminke dich so, wie es deiner Meinung nach zu dir passt, aber übertreib es nicht. Schau in den Spiegel und versuche in Worte zu fassen, warum du dich gerade in diesem Outfit und mit diesem Make-up so wohl fühlst. Denk dabei nicht nur an deine Körperformen, sondern beziehe auch deinen Charakter ein, deine Stellung im Leben, das, was du im Beruf darstellst, als Mutter, als Großmutter, als Geliebte – alles. Mach dir nun Gedanken über das, was du ausstrahlen möchtest.

Registriere, was du siehst: So will ich sein. Fasse einen Entschluss:
So bin ich.

»Mein Äußeres ist keine Demokratie. Ich mache, was ich will.«

Alles ist erlaubt, von der eleganten Dame bis zum Straßenmäd-
chen. Alles ist möglich, von vornehm bis exotisch. Spiele mit
deiner Persönlichkeit und gestatte dir eventuell einen exzentri-
schen Zug, denn damit zeigst du, dass du eine Lebenskünstlerin
bist. Mach es dir zur Aufgabe, deinen Stil zu perfektionieren,
und behalte dieses Anliegen bei allem, was du kaufst, im Auge,
egal ob Schuhe, Bluse, Mantel, Hose, Kleid, Lippenstift oder
Strümpfe.

»Ich stehe ein bisschen auf französische und
ein bisschen auf italienische Mode. Und dabei bleibe ich.«
»Jeder bleibt in einem Jahrzehnt stecken.
Bei mir sind es die achtziger Jahre, das ist meine Zeit.«
»Ich bleibe beim Stil der sechziger Jahre, der Zeit der Courrèges-Kleider.«
»Ich möchte wie Coco Chanel sein, mit achtzig noch topfit.«

Lass dich von den Launen der Mode nicht einschüchtern. Der radikale
Ansatz ist oft der beste: Was dir die Mode zu bieten hat, hängt
ausschließlich von deinem persönlichen Stil ab. Wenn Paris und
Mailand der Meinung sind, alles müsse grau sein, du dagegen
beschlossen hast, diese Saison nicht als graue Maus durchs Leben zu gehen, dann kaufst du eben nichts. Oder du suchst so
lange, bis du ein Geschäft findest, in dem es etwas gibt, was zu
dir passt.

Lässt London den Rocksaum bis übers Knie hochwandern, und
alle Welt übernimmt das, machst du trotzdem nur dann mit,
wenn du deine Knie noch zeigen willst. Ist das nicht der Fall,
dann ignoriere die kurzen Röcke in den Boutiquen.

Versteckt das weit geschnittene Kleid deine Brüste, die ausge-
rechnet dein Pluspunkt sind, dann verzichte darauf – und wenn
das Kleid hundertmal der letzte Schrei ist.

WIR WERDEN TEURER

Die gute Nachricht für einen eigenen Stil lautet: Deine Kleider
bleiben länger tragbar. Das kommt dir sehr gelegen, denn jenseits der vierzig hast du das Pech, dass du teurere Sachen kaufen
musst. Bevorzuge Geschäfte mit gutem Ruf, denn sie haben ihn
nicht umsonst. Du wirst dort zwar mehr Geld los, aber du kannst
davon ausgehen, dass der höhere Preis sich beim Material und
bei der Verarbeitung bezahlt macht. Ganz wenige Frauen kom-

men in dem Alter noch mit Shirts vom Wühltisch und Kleidern von H&M aus. Für die meisten von uns ist das zu riskant.

Denn billige Stoffe sind nichts für einen Körper, der nicht mehr ganz so straff ist. Sie sind entweder zu steif oder zu weich, und die Kleider, die daraus genäht werden, fallen oft nicht gut.

Neben der Stoffwahl ist vor allem ein guter Schnitt wichtig.

Soll mangelhafte Stoffqualität verschleiert werden, braucht selbst eine hinreißende Schönheit einen guten Schnitt. Marilyn Monroe posierte einmal in einem Kleid aus Kartoffelsäcken. Natürlich sah sie darin immer noch umwerfend aus. Aber seien wir mal ehrlich: Das Material war grobe Jute, das Kleid jedoch war Maßarbeit – man hatte es ihr buchstäblich auf den Leib geschneidert.

»Tägst du noch billige BHs?
Die sitzen irgendwann einfach nicht mehr richtig.«
»Ich kaufe lieber einen einzigen schönen Mantel, in dem ich dann
sozusagen wohne, als zehn Teile von mittelmäßiger Qualität.«
»Ich wähle grundsätzlich teure Kleidung.
Die ist schlicht und unbezahlbar.«

STRATEGISCH EINKAUFEN

Du bist auf Kleidung von guter Qualität angewiesen, um deinen
eigenen Stil zu entwickeln. Das kann sich zwar nicht jeder leisten, gut aussehen wollen wir aber trotzdem, denn unser Selbstvertrauen gründet sich darauf. Machen wir also einen Plan.
Investiere – über ein Jahr verteilt – in ein gutes Kleid, einen guten Rock, eine gute Bluse und eine gute Hose. Schaff dir auch
ein Paar schöne Schuhe oder Stiefel pro Jahr an. Kauf ausschließlich im Schlussverkauf, gerade bei teuren Sachen kannst
du da tolle Schnäppchen machen.
Nach ein paar Jahren hast du den Schrank voller schöner Sa-
chen – alle in deinem persönlichen Stil und in zeitloser Qualität.
Sie tun kund, was du kundtun willst, und man sieht ihnen ihr
Alter nicht an. Teure Kleidung kannst du lange tragen, denn
Teures ist haltbar und formbeständig. Qualitativ hochwertige
Kleider aus schönen Stoffen haben im Grunde Ewigkeitswert.
Du kannst sie immer wieder tragen, und der Abwechslung we-
gen peppst du sie mit verschiedenen Accessoires auf.
Neben den überschaubaren Kosten gibt es noch einen anderen
Grund, strategisch einzukaufen: Stehen in den Schuhgeschäften
reihenweise Schuhe mit Riemchen, die deinen hohen Rist beson-
ders gut zur Geltung bringen, dann erstehe gleich zwei Paar (in
der nächsten Saison gibt es sie schon nicht mehr, da kaufst du
dann nichts).

Wenn du Plissee magst, dann schlag zu, solange es in Mode ist (schließlich weiß man nie, wann es wiederkommt). Findest du nichts, was deinem Stil entspricht, verlässt du das Geschäft wieder, und dein Geld bleibt im Portemonnaie.

»In der vorigen Saison war alles grün. Die Farbe steht mir.
Ich habe also viel im Ausverkauf erstanden und mir gedacht:
Das trage ich bis an mein Lebensende.«

DIE BASISGARDEROBE

Schöne Kleider machen attraktiv, denn sie zeigen, dass du mit der Mode gehst. Dass du jugendlich bist. Oder distinguiert. Sportlich. Dass du verführen willst. Dass du für einen Scherz zu haben bist. Dass du imponieren willst. Alles in dem Maße, wie du es vermitteln möchtest.

Die Stoffwahl ist bei einem guten Kleidungsstück extrem wichtig. Er muss glatt fallen, und es darf sich nichts darunter abzeichnen. Ideal sind Seide und feine Baumwolle, weiche Wollstoffe oder leichter Polyester.

Für Frauen über fünfzig wird aus unerfindlichen Gründen immer wieder Tweed propagiert. Lass bitte die Finger davon. Tweed ist was für Engländerinnen mit Hund, die den ganzen Tag spazieren gehen. Dasselbe gilt für groben Mohairstoff. So ein Pullover ist nur im Regal schön, sonst nirgends, denn rauher Tweed und Mohair schmeicheln allenfalls glatter Haut.

Knittern ist verboten. Bevor du etwas kaufst, solltest du daher den Knittertest machen: Nimm den Stoff zwischen Daumen und Zeigefinger, drück ihn zusammen und lass ihn wieder los. Wenn er voller Falten ist, kauf ihn nicht. Leinen darf natürlich knittern, da ist es gerade schön. Allerdings bekommt so eine Leinenjacke schnell Querfalten im Rücken, und dann sieht sie nicht mehr so schön aus.

DIE KLASSISCHE BASISGARDEROBE

Leg dir eine Grundausstattung in Sachen Mode zu, sozusagen einen kleinen Vorrat an geschmackvoller Qualitätskleidung. Mit dieser Kollektion als Ausgangspunkt für dein tägliches Outfit siehst du garantiert immer gut aus.

BASISGARDEROBE
- ein fließender Rock,
- ein gerade geschnittener Rock,
- ein Blazer,
- eine gerade geschnittene Hose,
- zwei Seidenblusen,
- ein Paar Pumps.

Das Kleid. Es sollte möglichst ein kleines Schwarzes sein, das jedoch keineswegs schwarz sein muss. Hauptsache, es ist aus weich fallendem Stoff, hinsichtlich Farbe oder Muster so, dass es als Hintergrund für Accessoires dienen kann, und einfach geschnitten. Es reicht bis unters Knie, hat lange oder Dreiviertelärmel und sitzt vor allem bequem. Du streifst es über, ziehst den Reißverschluss zu und fühlst dich sofort wohl darin. Wähle es sorgfältig aus. Es passt perfekt, es folgt den Linien deines Körpers. Aber:

• Wenn du sehr schlank bist, mit schmalen Hüften und wenig Busen, nimm ein schlichtes Kleid, das um die Hüften etwas weiter ist und den Busen mit einem Band oder einer Stickerei unterhalb der Brüste betont. So suggerierst mehr Fülle.

• Hast du eine Wespentaille, aber kräftige Brüste und Hüften, nimm ein Kleid mit V-Ausschnitt in der sogenannten A-Linie. Es umspielt die Taille und lässt die Hüften schmaler erscheinen.

• Große Brüste und ein kleiner Po verlangen ein Kleid mit bauschigem Oberteil und engem Rock.

• Bist du unten breit und oben schmal, solltest du ein Kleid mit enganliegendem Oberteil und gerade geschnittenem Rock nehmen.

»Meine Taille soll jeder sehen, also betone ich sie.
Enge Gürtel trage ich aber nicht mehr, enge Kleider schon.«

Der gerade geschnittene Rock sitzt perfekt. Er folgt deiner Silhouette und ist nicht zu eng. Außerdem ist er unifarben und reicht wie das Kleid bis unters Knie.

Der Blazer ist nicht zu weit und vor allem in den Schultern nicht zu breit. Er ist möglichst zeitlos, verzichtet also auf modischen Schnickschnack, eine grelle Farbe etwa oder extrem breite Revers.

Die Hose fällt weich. Sie ist klassisch, das heißt gerade geschnitten und nicht zu eng, betont schöne Hüften und einen wohlgeformten Po, soweit vorhanden. Die Farbe ist gedeckt – Graubraun oder Kastanienbraun. Achte darauf, dass die Hose lang genug ist: Sie sollte auf jeden Fall bis unter die Knöchel reichen. Zwischen den Pobacken oder im Schritt darf sie auf keinen Fall kneifen.

Die Blusen sind aus Seide oder feinem Polyester, eine schwarz, die andere elfenbeinfarben. Kein Blau, das sieht zu sehr nach Uniform aus. Ein asymmetrischer Verschluss verleiht ihnen einen besonderen Akzent.

Die Pumps sind klassisch, aus schwarzem Leder, eventuell mit einem Riemchen über dem Rist. Ein zeitloses Modell, also weder extrem spitz noch übertrieben rund. Die Absätze sollten so hoch sein, wie du es dir zutraust.

UNTER DER BASISGARDEROBE

Dessous kaufst du für dich selbst. Kein Mann registriert, ob du ein Set trägst oder nicht, aber dir schenkst du damit einen Hauch von Luxus.

Spare nicht an der Unterwäsche, nimm gute und schöne Dessous. Gut, weil deine gesamte Garderobe darauf aufbaut. Schön, weil du dich darin attraktiv fühlst – unterschätze diese Wirkung nicht.

Dessous müssen perfekt sitzen. Sind sie zu eng und kneifen, entstehen Fettwülste und damit seltsame, um nicht zu sagen abstoßende Konturen unter der Kleidung.

Ein Slip aus gutem, dünnem Material, mit hohem Bund wirkt elegant und ist unter enganliegender Kleidung unsichtbar. Ziehst du ein kleineres Modell vor, achte darauf, dass nichts – nicht ein einziges Gramm – von Hüften, Bauch oder Schenkeln über die Kanten quillt. Auch wenn du schlank genug dafür bist: Ein String ist fehl am Platz. Ältere Pobacken können sehr schön sein, aber für einen String haben sie einfach zu viel Relief.

Der BH darf nicht zu eng und nicht zu weit sein, er muss präzise anliegen. Im Bedarfsfall solltest du ein gepolstertes Modell wählen.

Nimm dir Zeit für den Kauf. Lass dich eingehend beraten (widmet dir die Verkäuferin nicht genug Aufmerksamkeit, dann geh in ein anderes Geschäft). Ein BH muss zuverlässig stützen, damit deine Brüste optimal zur Geltung kommen.

PS: Sport-BHs sind für den Sport gedacht.

SCHUHE SIND ENTSCHEIDEND

Schuhe bilden die Basis für jedes Outfit, daher solltest du sie mit Bedacht wählen. Dein Äußeres steht und fällt mit ihnen. Abgelaufene Schuhe an den Füßen – das geht gar nicht. Was du auch trägst, und sei es noch so prächtig, sexy oder pfiffig, mit abgelaufenen Schuhen wirkst du sofort ungepflegt.

Mit den richtigen Schuhen kommt deine Kleidung am besten zur Geltung und du selbst auch. Die Schuhe scheinen sogar zu verraten, ob eine Frau sich noch als sexuell verfügbar betrachtet. Mit den falschen Schuhen ist der Fall also hoffnungslos.

Die Schuhe bestimmen deine Haltung. Hohe Absätze bewirken automatisch einen aufrechteren Gang. Sie machen schöne Waden und erwecken den Eindruck einer schlankeren Linie. »Pumps sind der Thron des Fußes«, hat der Choreograph Hans van Manen einmal gesagt. Aber zwing dich nicht, allzu hohe Absätze zu tragen, wenn du darauf nicht sicher laufen kannst.

Wenn die Füße weh tun, spiegelt sich das im Gesicht wider, denn der Schmerz lässt sich nicht verbergen. Drückt dich der Schuh, siehst du schnell todmüde aus.

Es ist leichter, schöne Schuhe zu finden, wenn zwischen dir und dem hohen Absatz Eintracht herrscht, doch zum Glück gibt es auch unzählige Schuhdesigner, die wunderbare niedrige Pumps, flache Schuhe, Stiefel und Sandalen kreieren.

»Schuhe sind wie Lippenstift: einfach geil!«
»Du trägst keine flachen Schuhe, und du trägst keine Brille,
denn das sind Symbole des Altseins.«
»Sollte ich mal keine hohen Absätze mehr tragen können,
zum Beispiel weil mein Rücken das nicht mehr mitmacht,
dann ziehe ich schwere, teure Wanderschuhe zu sehr schönen Kleidern an.«
»Ich suche zurzeit ein Schuhgeschäft,
in dem es schöne Schuhe für schwierige Füße gibt.«

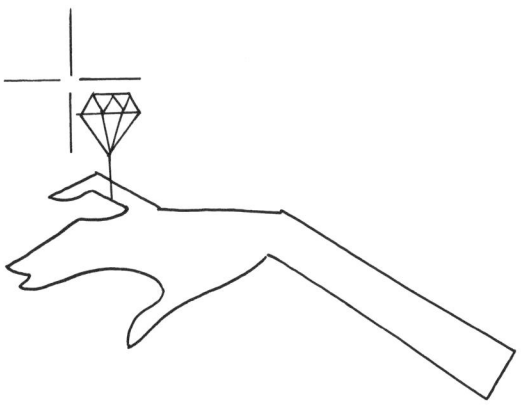

Schmuck unterstreicht deine Persönlichkeit und deinen Stil. Es hat viel für sich, stets Schmuck zu tragen, wenigstens eine Halskette. Wer die vierzig hinter sich hat, kann sich hier mehr erlauben: mehr Farbe, mehr Volumen. Nicht protzig, aber stattlich. Große Ringe, Armbänder und Colliers passen erst zu dir, wenn du mindestens vierzig bist. Für ethnischen Schmuck solltest du sogar noch älter sein. Eine marokkanische Kette, ein Tuareg-Ring, Ohrringe aus der Türkei – an einer Dreißigjährigen sind sie nicht viel mehr als ein Gag. Erst wenn du fünfzig oder sechzig bist, entfalten sie ihre volle Wirkung. Sie sagen etwas darüber aus, wer du bist und wie du denkst – sie legen Zeugnis ab.

> »Früher habe ich eine stilvolle Kamee um den Hals getragen.
> Heute mag ich's spektakulärer.«

Mit *Ohrringen* solltest du dagegen aufpassen. Auffällige Ohrringe sind etwas für junge Frauen, bei einem reiferen Gesicht wirken sie leicht vulgär. Dafür kann sich die Frau von vierzig von nun an klassischen Ohrschmuck erlauben. Gold, Perlen. Als sie jung war, wirkte das ein wenig altjüngferlich, jetzt ist es schick.

Hüte sind fantastisch, wenn man den Mut dazu hat. Möchtest du

177

Hut tragen, kaufe dir einen wirklich schönen, und zwar – vor allem, wenn es dein erster ist – in einem renommierten Geschäft. Hast du schon mehr Erfahrung mit Hüten, wirst du im Kaufhaus leichter fündig. Gib dich nicht so schnell zufrieden. Ein Hut ist teuer, ein Hut ist ein Luxus, ein Hut muss perfekt sein. Spare nicht am falschen Platz, denn ein schöner Hut macht sich immer bezahlt.

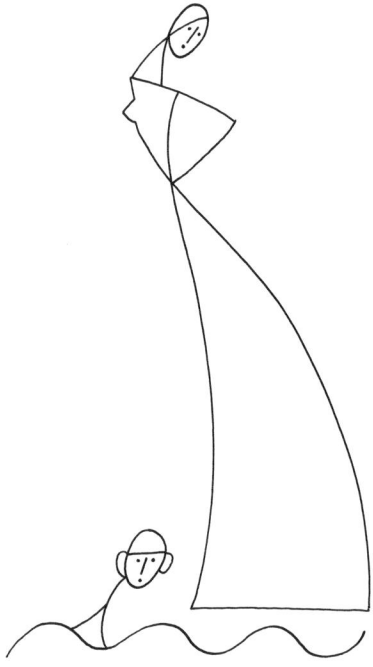

Einer Frau, die einen Hut mit Überzeugung trägt, sind Aufmerksamkeit und Bewunderung sicher.
Aber Achtung: Ein Hut ist keine Mütze. Eine Mütze ist etwas für junge und fast kindliche Frauen.
Bademode ist für viele Frauen ein wunder Punkt. Bikini oder kein Bikini? – das ist hier die Frage. Die Antwort ist einfach. Vom Bikini musst du dich verabschieden, sobald du dich darin nicht

mehr wohl fühlst. Zu denken geben sollte es dir auch, wenn Freundinnen dir davon abraten.

Aber so einfach ist die Sache natürlich nicht. Für viele Frauen ist der Bikini ein Symbol ihrer Jugend. Der einteilige Badeanzug dagegen steht für die reife Frau, die sie noch eine ganze Weile nicht sein möchten.

Wenn du zu diesen Frauen gehörst, wird es dich hart treffen. Denn irgendwann kommt der Tag, an dem sich der Bikini nicht mehr mit deinem Bauch und deinem Po vereinbaren lässt, zumal Bikini-Designer sich eher wenig mit dem Bikinislip befassen. Würden sie ihn stromlinienförmiger gestalten, könnten wir viel länger einen Bikini tragen. Es gibt sie, solche gut geschnittenen Bikinis, aber sie sind teuer, und nicht jede Frau möchte so viel Geld für ein winziges Stück Stoff ausgeben.

»Dieser Bauch wird die Sonne nicht mehr sehen.«
»Dieser dicke Bauch darf auch braun werden.
Ich geniere mich nicht mehr.«

Ärmel müssen nicht unbedingt lang sein. Frauen neigen dazu, ärmellose Kleidung zu meiden, wenn sie sich der Makellosigkeit ihrer Arme nicht mehr sicher sind. Sei da nicht zu schüchtern und lass dir auch nicht einreden, eine Frau jenseits der fünfzig müsse ihre Oberarme bedecken. Entscheide lieber selbst: Wenn du findest, dass deine Arme noch vorzeigbar sind, dann sind sie es auch. Bist du unsicher, hast aber Lust auf ein ärmelloses Oberteil, dann trag eine Stola dazu. Sie nimmt dir die Unsicherheit und wirkt obendrein sehr weiblich. Mit dreißig ist eine Stola albern, mit fünfzig dagegen wirkt sie selbstbewusst und elegant.

»Meine Arme sind noch nicht schwabbelig.
Aber ich werde sie auch nicht verstecken, wenn sie es mal sind.«

179

Farben haben einen schlechten Ruf. Unsere Mütter haben noch von ihren Müttern gelernt, dass man als anständige Frau über vierzig keine grellen Farben mehr trägt. Und Lippenstift, wenn überhaupt, nur noch in bravem Rosé. Selbst das geblümte Kleid ist dann aus einem Stoff in gedeckten Farben geschneidert.

Was für ein Unsinn! Frauen, die ihr graues Haar nicht färben, tun auf jeden Fall gut daran, markante Farben zu tragen, egal ob kühle oder warme.

Grelle Farben sind verführerisch und machen selbstbewusst. Es empfiehlt sich jedoch, ein solches Kleidungsstück bei Tageslicht zu betrachten und neben das Gesicht zu halten. Denn das Licht in der Umkleidekabine ist trügerisch, da es meist Gelb- und Rottöne enthält, die der Kundin schmeicheln. Bitte daher die Verkäuferin um einen Handspiegel, geh ans Fenster und inspiziere die optische Reaktion, die die gewählte Farbe mit deinem Teint eingeht.

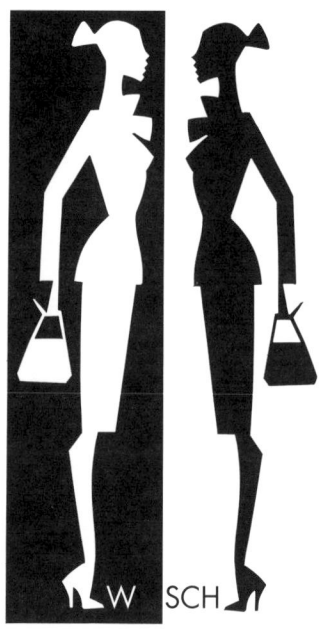

»Ich setze auf den dramatischen Effekt und kombiniere
ein schwarzes Kleid zum Beispiel mit knallrotem Lippenstift.«

Schwarz ist extrem beliebt. Frauen über vierzig entdecken es,
Fünfzigjährige sind ganz verrückt danach – und Sechzigjährige
kommen wieder davon ab. Schwarz ist praktisch, Schwarzes ist
immer und für jede Frau gut, denn es bildet eine schöne Kulisse
für auffallende Jacken, Schals und Accessoires.

Weiß kann sehr schön sein: Eine weiße Bluse, ein bisschen weiter
aufgeknöpft, mit einem Spitzen-BH darunter kann sehr sexy
aussehen. Im Winter passt jedoch Creme- oder Elfenbeinweiß
besser zu blasser Haut.

Grau ist zurückhaltend und etwas langweilig, vor allem in helleren Schattierungen, aber zum Kombinieren ist es ideal. Anthra-
zitgrau ist dagegen eine gute Grundfarbe, zum Beispiel für Rot.

Rot ist fröhlich, und es zeugt von Mut. Fällst du nicht gern auf,
dann trag diese Farbe besser nicht. Wähle stets einen Rotton,
der zu deinem Teint passt. Knallrot lässt das Gesicht leicht müde
erscheinen. Hast du dir ein kräftiges Rot in den Kopf gesetzt,
dann trag leuchtend rote Schuhe und eine Bluse in gedeckterem
Rot.

Braun steht für Wärme und Charakter. Braune Wollstoffe sehen
immer gut aus, zu Baumwolle passt Braun weniger.

Blau lässt sich schön mit Grün kombinieren, wirkt allerdings etwas nüchtern. Nicht umsonst sind Uniformen häufig blau.

Grün schmeichelt fast jeder Frau.

Gelb ist ein schwieriger Fall. Hellgelb kann toll aussehen und eine
durchschlagende Wirkung haben, Dottergelb dagegen ist tü-
ckisch. Gelbe Kleidungsstücke sollten am besten auf die Som-
mermonate beschränkt bleiben. Wenn die Sonne hoch steht und
es sehr hell ist, kann Gelb viel bewirken.

Rosa kann leicht frivol und auch lustig aussehen. Vermeide jedoch Altrosa, das macht blass.

Orange wirkt fröhlich und passt gut zu Braun, ob zu braunem Haar oder brauen Kleidungsstücken.

Beige vermittelt einen Eindruck von Kompetenz. Aber es ist – wie auch die anderen Sandfarben – sehr brav. Je blonder oder grauhaariger du bist, desto weniger eignen sich Sandfarben für dich. Solltest du einen beigefarbenen Rollkragenpullover besitzen – weg damit.

EINKAUFEN: DIE GESETZE

Kleider kaufen – das kann himmlisch sein, es kann aber auch die Hölle sein. Für erfolgreiches Shopping, das auch Spaß macht, gibt es zwei Gesetze:

• Du musst genau wissen, was du willst.
• Lass dich ruhig auch mal verführen, wenn dich etwas begeistert. Oder möchtest du noch Jahre später denken: Hätte ich die Jacke doch nur gekauft! Tatsache ist: Wenn dich etwas wirklich anspricht, wird es ewig in deinem Gedächtnis bleiben.

Das Probierspiegelgesetz. Vergiss nie das Spiegelgesetz. Spiegel in Umkleidekabinen machen fast immer schlanker. Außerdem: Beim Anprobieren stellt man sich automatisch »schön« hin. Aufrecht, Bauch rein, Schultern zurück, ein Bein gerade, das andere lässig nach schräg vorn gestellt. Denk dir eine Kleinigkeit an Umfang dazu und trau dich, deine Anprobierhaltung einen Moment lang aufzugeben. Lass dich ein klein bisschen zusammensacken. Sieht das Teil immer noch toll aus? Wenn ja, dann kauf es!

Das Einkaufsberatergesetz. Wohl dem, der in der Lage ist, allein shoppen zu gehen und von keinem Zweifel geplagt seine Wahl zu treffen. Wenn du dir dagegen nie sicher bist, wenn du im Geschäft alles schön findest und zu Hause dann feststellen musst, dass das Gekaufte einfach idiotisch aussieht, dann wirst du sicher jemanden mitnehmen. Eine Freundin, eine gute Bekannte, eine Nachbarin, eine Kollegin, den Ehemann, den Liebhaber, eines der Kinder. Grundsätzlich ist das eine gute Idee – aber nicht immer. Es kann gutgehen, es kann jedoch auch gründlich danebengehen.

Zunächst die Kinder. Begegne ihren Ratschlägen mit gesundem Misstrauen. Vor allem in der Pubertät finden sie die eigene Mutter leicht zu auffällig, da ist ihnen eine graue Maus lieber. »Mama, das Kostüm ziehst du aber nicht zum Elternabend an, ja?«, heißt es dann schon mal.

Was die übrigen Möglichkeiten angeht: Wie nett jemand ist, sagt nichts über seine Qualitäten als Einkaufsberater aus.

Ihr könnt das beste Verhältnis haben, eure Freundschaft kann bis auf Sandkastenzeiten zurückreichen, jemand kann ein Schatz sein oder ein Kumpel, mit dem man Pferde stehlen kann. Und dennoch: Manche Menschen sind völlig ungeeignet, über den Kauf eines Kleidungsstücks für dich mitzuentscheiden.

Lass Freundschaft oder Liebe einen Moment beiseite und überlege, ob der ins Auge gefasste Einkaufsberater überhaupt schon mal hat erkennen lassen, dass ihm dein Stil und deine Kleiderwahl zusagen.

SCHLÜSSELFRAGEN FÜR EINKAUFSBERATER

- Kleidet sich deine Freundin anders, als du es gut findest?
- Redet sie extrem femininer Kleidung das Wort, während du eher etwas Sportliches suchst?
- Hat sie dir schon mal vorgeworfen, dass du dich anstellst?
- Interessiert sie sich für Kleider an sich oder dafür, wie sie dir stehen?
- Sieht dein Freund dich am liebsten in Tiger- und Leoparden-

dessins, was du zwar ganz süß findest, aber im Grunde schrecklich vulgär?

- Hat dein Einkaufsberater dir schon mal Knauserigkeit vorgeworfen?
- Hat dein Einkaufsberater sich schon mal, wenn auch dezent, über deine angebliche Verschwendungssucht lustig gemacht?

Kannst du auch nur eine dieser Fragen mit Ja beantworten, dann such dir unbedingt jemand anderen.

Geh mit einem Menschen einkaufen, mit dem du deinen Enthusiasmus teilen kannst, der sich schon mal für deine Kleiderwahl interessiert hat, der in der Lage ist, gewissermaßen durch das anprobierte Teil hindurchzuschauen, wenn du aus der Umkleidekabine kommst, und ehrlich zu sagen, ob es was für dich ist. Ihm sollte ganz elend werden bei dem Gedanken, du könntest die Sachen, die dir so gut stehen, nicht kaufen.

Schlussgesetz: Hüte dich vor Verkäuferinnen. Eine gute Verkäuferin ist eine Zierde für ein Bekleidungsgeschäft – und leider eine Seltenheit. Zwar gibt es viele nette, bemühte, hilfsbereite junge Mädchen (meist sind es ja junge Mädchen), aber in der Regel bist du einer Person ausgeliefert, die auf dem Gebiet keine oder kaum eine Ausbildung genossen hat. Eigentlich solltest du den Laden sofort verlassen, wenn dir die Verkäuferin mit einem der folgenden Sätze kommt:

VERKÄUFERINNENSPRÜCHE

- Schön ist der Rock, den hab ich selber auch.
- Nein, Blau (oder Rot oder Grün oder was auch immer) trägt man in dieser Saison nicht.
- Das dehnt sich noch.

Lass dir von der Verkäuferin nichts weismachen. Ergreife augenblicklich die Flucht, wenn sie dir angeblich etwas Gutes tun will und ungebeten mit weiteren Teilen in die Kabine kommt. »Ich hätte da zufällig noch diese wunderschöne Bluse/diesen Pullover/diese Weste/diesen Schal/diesen Gürtel zu der Hose ...« Wahrscheinlich arbeitet sie auf Provisionsbasis, weshalb sie es darauf abgesehen hat, dass du etwas kaufst, egal, ob es passt oder nicht, geschweige denn, ob es dir steht.

Verkäuferinnen sollten auch niemals so tun, als wären sie deine Freundin, sondern ehrlich ihre Meinung sagen. Sie sollten sich mit der aktuellen Kollektion auskennen und einen Sinn für Farben, Größen und Körperformen haben. Nur dann sind sie imstande, Alternativen anzubieten, wenn ein Kleidungsstück deine Vorzüge nicht betont, du aber unbedingt etwas in der Art haben möchtest.

An die Verkäuferin einer Boutique werden oft heikle Anforderungen gestellt: Sie darf ihre Meinung nur dann äußern, wenn sie darum gebeten wird, sollte es jedoch stets in aller Bescheidenheit tun. Noch dazu ist eine Meinung nicht dasselbe wie ein Rat.

»Eine Frau kam ins Café. Hübsches Gesicht, interessanter Typ, aber ihr Kostüm machte alles zunichte. Der Rock ging bis knapp übers Knie, die Jacke hatte eine Riesenschleife an der Seite. Ich dachte, welche Verkäuferin hat denn zu der armen Frau gesagt: Genau das ist es? Da fehlt es einfach an Respekt.«

KOPF, SCHULTERN, KNIE UND ZEHEN

Make-up und Co.

MEINE HAARE, MEINE FRISUR

Wenn es um die Pflege deines Äußeren geht, ist im Grunde alles wichtig, aber das Wichtigste überhaupt ist dein Haar. Unsere Haare tragen wir jeden Tag, schließlich können wir sie nicht einfach ablegen wie ein Kleidungsstück. Mit schönem Haar sieht man immer gut aus, zumindest vermittelt man den Eindruck: schöne Haare, schöne Sinne. Also: Pflege dein Haar, denn es lohnt sich.

> »Der Friseur: ›Ihre Haare werden mit Ihnen zusammen älter, aber das muss nicht heißen, dass die Qualität nachlässt.‹«

Früher war das anders. Da wurde das Haar zu Zuckerwatte toupiert, mit Wasserstoffperoxid platinblond gefärbt, in Dauerwellen gelegt oder mit aggressiven Tönungen behandelt. Wenn man an den Produkten roch, hätte man sie am liebsten sofort weggeschüttet, so unangenehm stanken sie nach Chemie. So etwas schmierten sich ganze Generationen von Frauen in die Haare!

Wenn man das oft genug wiederholte, gab die Natur irgendwann auf – und das Haar auch. Es wurde spröde und lag bald ausgedünnt, nein, nahezu ausgerottet auf der bleich durchschimmernden Kopfhaut. »Sauerkraut«, sagte der Friseur dann resigniert. Am Ende hatte man altes Sauerkraut auf dem Kopf.

Aber die Zeiten sind zum Glück vorbei. Heute gibt es milde Präparate, mit denen unser Haar sich so verändert, wie wir es wollen, und dabei dennoch elastisch bleibt.

Trotzdem solltest du keine Wunder erwarten. Haare, die von Natur aus dünn und volumenlos sind, werden mit zunehmendem Alter nicht besser. Allerdings gibt es allerlei unschädliche Stylingprodukte, mit denen man sie auffrischen kann.

SCHÖNES HAAR: DIE BASIS

- *Ein mildes Shampoo,* speziell für deinen Haartyp. Erschrick nicht, wenn »für strapaziertes Haar« oder Ähnliches draufsteht. Das klingt zwar schrecklich, bedeutet aber letztlich nur: Wir lassen Vorsicht walten.
- *Ein darauf abgestimmter Conditioner oder eine Cremespülung.* Beides hilft gegen das Verfilzen und die Sprödigkeit, die die Seife im Shampoo nun mal mit sich bringt.
- *Ein Festiger, der sich auf den Haaransatz beschränkt,* oder auch Weizenkleie für mehr Volumen und Form und zur Stärkung des Haaransatzes.
- *Ein Conditioner-Spray* für mehr Form und Glanz.
- *Kein Gel* – es sei denn, du willst aussehen wie ein begossener Pudel oder als kämst du gerade aus dem Bett.

SCHÖNES HAAR: NUR WIE?

- *Wasch dir* mindestens zweimal in der Woche die Haare.
- *Trockne sie* mit einem vorgewärmten Handtuch oder mit dem Föhn, den du jedoch nicht auf die höchste Stufe stellst. Die mittlere genügt vollkommen. Trägst du einen Schnitt, der in Form gebracht werden will, sprüh dir nach dem Trocknen mit einem Zerstäuber Feuchtigkeit auf die Haare. Kämme oder bürste sie dann so, wie du sie haben möchtest, und trockne sie erneut.
- *Nimm dir morgens genügend Zeit für deine Haare.* Sie sollten nicht das Schlusslicht sein. Bürste Luft hinein, kämm sie in Form, schüttle den Kopf und kämm sie dann noch einmal. Benutze außerdem Haarspray.
- *Bürste oder kämme dir die Haare mindestens dreimal am Tag.* Mit einer gepflegten Frisur sieht man immer gut aus. Sorge dafür, dass du immer einen Kamm oder eine Bürste in der Handtasche hast.
- *Geh regelmäßig zum Friseur,* alle sechs, spätestens alle acht Wochen.

Das klingt zwar nach viel Arbeit, aber es ist ganz gewiss keine vergebliche Mühe. Was dein äußeres Erscheinungsbild so sehr prägt, das darf auch Zeit, Aufwand und Geld kosten.

BEIM FRISEUR: DREI FRAGEN

- Lass den Friseur deinen Haartyp genau bestimmen. Ist es spröde, trocken oder fettend?
- Dein Friseur hat eine bestimmte Vorstellung davon, was du mit deinem Haar tun solltest. Welche Frisur passt am besten dazu? Frage genau nach, um aus mehreren Möglichkeiten wählen zu können.
- Informiere dich bei deinem Friseur, welche Pflegeprodukte deinem spezifischen Haartyp guttun. Frage auch, was so ein Produkt bei deinem Haar bewirken kann und worum genau es sich handelt.
- *Wohlgemerkt:* Du fragst nach Produkten, nicht nach Marken. Manche Friseure schwören auf eine bestimmte Marke, sei es, weil sie Rabatt darauf bekommen oder weil anderweitige Vorteile für sie damit verbunden sind. Denk dir deinen Teil und kauf nicht gleich etwas, sondern entscheide dich frühestens einen Tag später.

BEIM FRISEUR: DREI WARNUNGEN

- *Vergiss nicht:* Du bist dem Friseur ausgeliefert.
- *Lauf weg:* Vertraust du dem Friseur nicht, hört er nicht richtig auf dich, hält er sich für einen Starfigaro, oder vermittelt er den Eindruck, dass du froh sein kannst, wenn er sich überhaupt mit dir befasst, kurz: Schenkt er dir nicht genügend Aufmerksamkeit? Wenn ja, such dir schleunigst einen anderen.
- *Teuer:* Ein Friseurbesuch kann schon mal recht kostspielig werden. Nur ein Glückspilz findet einen Dorffriseur, der für einen Betrag aus dem vorigen Jahrhundert Haare schneidet wie ein Pariser Topcoiffeur. Wir anderen müssen lange suchen, bis wir einen Friseur gefunden haben, der uns zusagt und uns wirklich hilft.

AM RANDE: DIE MARKE

Mythos: Jede Marke strebt danach, zum Mythos zu werden. Nur das ist kommerziell interessant, denn für einen Mythos geben die meisten bereitwillig Geld aus. Wollen wir nicht alle volle, glänzende Haare haben wie dieser oder jener Filmstar? Natürlich wissen wir, dass das nicht möglich ist, aber das Produkt, für das der Star wirbt, kaufen wir trotzdem.

Welche Marke? Alle Hersteller von Haarpflegemitteln haben mehr oder weniger dieselben Produkte im Sortiment, da gibt es kaum Unterschiede. Deshalb ist es egal, zu welchen man greift. Nur die billigsten Hausmarken sollte man meiden, denn da stimmt die Qualität der Grundstoffe nicht.

Es liegt ganz bei dir, wie viel du ausgeben möchtest oder wie sehr du mit dem Mythos einer bestimmten Marke verschmelzen willst. Geniere dich nicht, denn in einem Mythos aufzugehen kann gute Laune machen und Selbstvertrauen schenken – wenn du das Geld hast, warum nicht? Andererseits: Es gibt keinen Grund, sich von einer Werbekampagne einwickeln zu lassen.

WELCHE FRISUR?

Bestehe auf jeden Fall auf einem guten Schnitt und gib dich nicht zufrieden mit Sprüchen von »problemlosem Haar«, das so wunderbar »natürlich fällt«.

Ja, deine Haare müssen gut sitzen, und natürlich ist es angenehm, wenn du sie nicht ständig kämmen, aufdrehen und zu-

191

rechtzupfen musst. Aber mit praktisch und angenehm ist es meist nicht getan. Dein Haar prägt dein Äußeres entscheidend, vergiss das nicht.

Denke also darüber nach und vergleiche ein aktuelles Foto von dir mit einem zehn Jahre alten Foto. Jetzt mal ehrlich: Sieht dein Haar auf beiden Bildern gleich aus? Wenn ja, warum?

WARUM IMMER DASSELBE?

Trägst du etwa auch noch die Kleider von vor zehn Jahren? Oder gar die Schuhe?

Na, also.

Verändere deine Frisur ruhig von Zeit zu Zeit. Es muss ja nicht jedes Mal etwas ganz anderes sein, aber hier ein halber Zentimeter weniger, dort ein freies Ohr oder eine einzelne Locke auf der Stirn – das genügt schon.

Wenn du bei der vertrauten Frisur bleiben willst, dann hoffentlich aus anderen Gründen als diesen: Ich habe Angst vor einer neuen Frisur. Oder: Die steht mir nun mal am besten.

WELCHER SCHNITT?

Wer älter wird, braucht sich um Schnitte, die gerade in Mode sind, nicht mehr zu kümmern. Du solltest nur eine Frisur wählen, die zu dir und deinem Stil passt.

Im Nacken kurz, weil du einen schönen Hals hast.

Die Ohren frei, weil deine Gesichtsform so am besten zur Geltung kommt.

Kinnlang und beiderseits nach vorn spitz zulaufend, weil du deine etwas kräftigen Wangen kaschieren möchtest.

Wild und offen, weil du deine Locken präsentieren möchtest.

Gestuft, weil du seit den neunziger Jahren nun mal Stufen magst. Obwohl derzeit gerade Pagenschnitte en vogue sind, bittest du den Friseur, deinen Stufenschnitt zu variieren.

LANGES HAAR I

Ältere Frauen und lange Haare, geht das? Die Friseurin seufzt. Eher nicht, meint sie, denn ab vierzig wird das problematisch. Nach ihrer Erfahrung sollte das Haar eigentlich schon ab fünfunddreißig kürzer werden, notfalls nach und nach. Langes, über die Schultern herabfallendes Haar ist eine echte Herausforderung, denn es macht leicht eine plumpe Silhouette und betont zudem die Falten in einem älteren Gesicht. Eingefallene Wangen wirken dann noch schmaler, die Haut noch eine Spur blasser.

»Frauen fällt der Abschied von ihren langen Haaren schwer«, weiß die Friseurin. »Manche haben lange Haare, seit sie vier waren. Ich gehe stets behutsam vor und frage erst mal: ›Eine Idee kürzer vielleicht?‹ Aber wenn das Haar zur Identität der Frau gehört, wenn es ihr Selbstvertrauen gibt und sie sich damit schön fühlt, dann denke ich: Lassen wir es dabei.« Oft rät die Friseurin dann zu einem knapp schulterlangen Schnitt. Die Haare sind nach wie vor lang, aber nicht zu lang, und sie hängen nicht so schwer herab.

> »Die Leute liegen mir ständig in den Ohren,
> ich solle mir die Haare schneiden lassen. Tu ich aber nicht.«
> »Meine langen Haare sind kein Statement.
> Aber ich habe sie nun mal.«
> »Kurze Haare sind so alltäglich.«

LANGES HAAR II

Wenn deine Identität mit langen Haaren steht und fällt, solltest du sie nicht allzu kurz schneiden lassen. Da sie dein Äußeres jedoch nachdrücklich prägen, musst du dir Gedanken darüber machen und darfst sie nicht einfach herabhängen lassen.

Geh regelmäßig zum Friseur. Nicht um dir die Haare ab-, sondern um sie wieder in Form schneiden zu lassen. Auch langes Haar braucht regelmäßig eine Korrektur, denn es darf auf keinen Fall schlampig oder strähnig wirken.

Trägst du dein Haar ausschließlich offen, oder bist du für Variationen zu haben? Lange Haare haben den Vorteil, dass man damit gut variieren kann. Lass dir vom Friseur ruhig beim Experimentieren helfen, wenn es darum geht, ob ein Knoten, ein Dutt, eine Rolle oder ein Zopf dein Haar optimal zur Geltung bringt.

Wann stimmt etwas nicht? Wenn du die Haare nur noch zu einem tief sitzenden Pferdeschwanz frisieren kannst.

EIN LANGER PONY

Lange Haare mit Pony sind eine Jungmädchenfrisur. Wer diese Frisur trägt, tut das wahrscheinlich schon seit Jahrzehnten.

Wenn du schlank bist, kannst du zwar einen langen Pony tragen, vor allem, wenn du dich auch jugendlich kleidest, aber letztlich ist es eine Gratwanderung. Sei zeitlos, aber nicht mädchenhaft – das ist etwas für junge Mädchen und nicht für eine reife Frau. Auch nicht, wenn sie die Haare lang und offen trägt, noch dazu mit einem Pony, der ihr bis über die Augenbrauen reicht.

LANGE GRAUE HAARE

Lange, offene graue Haare lassen fast jede Frau wie eine Hexe aussehen. Werden deine Haare allmählich grau, überlege dir, ob du sie besser hochsteckst. Ein grauer Knoten sieht elegant aus, und eine graue »Grace-Kelly-Rolle«, eine senkrechte, asymmetrische Welle am Hinterkopf, ist superschick. Frage beim Friseur nach, wie man sie dreht und wohin du die Haarnadeln stecken musst. Oder du lässt dir die Haare färben, lange graue Strähnen zur kastanienbraunen Mähne.

FÄRBEN

»Gleichmäßig grau ist schön. Bei anderen.«
»Grau? Nicht für viel Geld. Dann ist man wirklich alt.«
»Solange es Haarfarbe gibt, werde ich nicht grau.«

Leider führt kein Weg daran vorbei: Wer älter wird, bekommt irgendwann graue Haare. Sie werden hohl, und an die Stelle des Pigments tritt Luft. Mit einzelnen grauen Haaren fängt es an, und sobald man sie im dunklen Haar entdeckt, entfernt man sie. In blondem Haar bemerkt man sie kaum, und eine Zeitlang übersieht man sie noch. Aber irgendwann nimmt das Grau überhand, und ab und zu ein Haar auszureißen bringt dann nichts mehr. Ganze Büschel und Strähnen verlieren ihre Farbe (deine Farbe!). Eines Tages ist es dann so weit, und du bist grau. Was tun?

Graues Haar kann sehr schön sein. Etwa wenn das Grau gleichmäßig oder eine einzelne Locke über der Stirn ist. Graues Haar kann ein Statement sein und durchaus selbstbewusst wirken: Das bin ich. Ich bin nicht mehr jung, sondern grau und weise, und das steht mir fantastisch. Ein grauer Schopf kann eine derart starke

Wirkung haben, dass manche Frauen sich die Haare sogar eigens grau färben lassen.

Nur leider ist graues Haar oft nicht wirklich grau, sondern eher ein Mix aus dunkleren und helleren Strähnen – »grau durchsetzt« nennt sich das. Im Idealfall wirkt es wie natürliche blonde Strähnchen, hell – scheinbar blond – auf dunklem Grund, doch meist ist es nicht so schön. In dem Fall ist Färben wohl die beste Lösung.

Wenn du dir die Haare färben lassen willst, solltest du unbedingt damit anfangen, bevor sie ganz grau geworden sind. Natürlich musst du nicht zwingend zum Friseur, sondern kannst auch selbst Hand anlegen, mit Farbe aus der Drogerie zum Beispiel. Nuancen sind bei einer Fertigpackung allerdings nicht möglich. Daher gilt: *Lass den Friseur tun, was er gut kann.* Besser, du überlässt das Färben einem Fachmann, der Qualität und Zustand deiner Haare berücksichtigt. Er mischt genau den Farbton zusammen, der zu dir und deinen Wünschen passt, trägt die Farbe sorgfältig auf und achtet auf Nuancen – gleichmäßig gefärbtes Haar wirkt nämlich unnatürlich. Auch lässt er keine Strähne aus und spült das Haar am Ende gründlich durch. So kannst du sicher sein, dass hinter dem Ohr oder am Hals nicht noch ein Farbrest weiterreagiert.

DIE FARBE

Also gut, wir färben. Nur in welchem Farbton?
Die beste Wahl ist deine eigene Haarfarbe oder vielmehr die Farbe, die deine Haare früher hatten, allerdings etwas abgeschwächt. So fängst du die Wirkung älterer Haut am besten auf, die blasser und nicht mehr so gleichmäßig ist.

WELCHER FARBTON?

- *Schwarz und hellblond* wirken fast immer zu hart.
- *Dunkelbraun* muss eine warme bis rötliche Schattierung haben, denn reines Dunkelbraun macht oft leichenblass.
- *Rot und Hennarot* machen einen grauen und ungesunden Teint, auch wenn man von Natur aus rote Haare hatte. Manchmal wirken sie dann regelrecht orange. Bitte daher den Friseur, etwas Kastanie oder Blond beizumischen. Sollte das Rot intensiver herauskommen als beabsichtigt, wäschst du dir die Haare am besten ein paarmal mit einem Shampoo, das die Farbe abschwächt.
- *Willst du bei Grau bleiben,* probier es ruhig mal mit dunkleren Strähnchen.

WIE OFT?

Denk daran, die Ansätze regelmäßig nachfärben zu lassen. Alle sechs Wochen genügt normalerweise, dann gehst du sowieso zum Friseur, um dir die Haare wieder in Form schneiden zu lassen.
Schnell wachsendes Haar muss häufiger nachgefärbt werden. Einen grauen Scheitel solltest du ebenso vermeiden wie einen grau durchsetzten Haaransatz an den Schläfen. Dabei geht es nicht darum, zu verbergen, dass du dir die Haare färbst. Das darf

jeder wissen, denn das ist keine Schande in einer Welt, in der sich
unzählige Menschen, ob jung oder alt, die Haare färben. Aber
ein grauer Haaransatz ist hässlich und wirkt ungepflegt.

UND DER REST?

»Ich habe in den Spiegel geschaut und gedacht:
O Gott, wo sind denn bloß meine Augenbrauen geblieben?«

Auch Augenbrauen und Wimpern können grau werden, und
dann werden sie oft nahezu unsichtbar. Da sie jedoch die Augen
überwölben und damit den Gesichtsausdruck prägen, solltest du
mit Wimperntusche und Augenbrauenstift dafür sorgen, dass sie
sichtbar bleiben. Du kannst sie, ebenso wie die Wimpern, auch
beim Friseur oder bei der Kosmetikerin färben lassen.

MAKE-UP: SCHÖNHEIT AUS DEM DÖSCHEN

Manche Frauen sind strikt gegen Make-up. Manche Männer
auch, aber die sind vor allem bei ihrer eigenen Frau dagegen.
Make-up sei Ziererei, Putzsucht, Eitelkeit, Zurschaustellung,
heißt es dann oft. Die Puristen haben vielleicht ein reines Gewissen, doch sie haben auch unrecht. Wer bei vollem Verstand auf
Mascara oder Lippenstift verzichtet, lässt bewusst Möglichkeiten
ungenutzt. Eine ungeschminkte Frau gibt ihrer Umwelt zu verstehen: »Ach, achtet nicht auf mich.« Oft denkt sie auch noch,
dieses »Entschuldige, dass es mich gibt« zeuge von Tugendhaf-
tigkeit.
Na ja, das muss jede Frau selbst wissen. Wir machen es jedenfalls
anders, denn wir kennen die Wirkung von einem feinen Lid-
strich, von Kajalstift unter den Augen, von Mascara, von Lip-

penstift. Ganz gezielt pudern wir Wangen, Nase, Stirn und Hals, damit sie zart und weich wirken.

Wir sind schön, und das wollen wir auch kundtun.

KOSMETIK

- Kosmetik akzentuiert, was schön ist.
- Kosmetik kaschiert, was weniger schön ist.
- Kosmetik folgt deinem Gesicht.
- Modische Trends solltest du allerdings ignorieren, es sei denn, sie geben etwas vor, was dir gefällt.

»Ich? Nicht geschminkt? Von wegen – wenn du wüsstest!«

DAS GESICHT

Grundsätzlich gilt: nicht zu dick auftragen. Benutze Grundierung oder Flüssig-Make-up nur, wenn du unter unreiner Haut mit Flecken, Pickeln, Talgansammlungen oder großen Poren zu leiden hast. Da eine kompakte Grundierung glättet, ist sie vor allem dann sinnvoll, wenn deine Haut glatter wirken soll. Allerdings solltest du Zurückhaltung walten lassen, denn nur allzu leicht siehst du aus, als würdest du eine Maske tragen. Zudem bleibt die Grundierung oft in den Falten haften, aus denen dann schnell Furchen werden. Besser ist eine dünne Schicht leicht getönter Grundierung, und zwar möglichst eine Idee dunkler als deine Haut.

Mit einer Puderquaste besorgst du anschließend den Rest. Wähle die Farbe des Puders jedoch mit Bedacht, auch hier genügt eine Nuance dunkler als deine Hautfarbe, denn zu dunkel wirkt leicht unnatürlich.

GRUNDIERUNG

- 1. Schritt: Trage die Grundierung so dünn wie möglich auf.
- 2. Schritt: Beginne an den Schläfen und streiche die Grundierung von dort nach unten. Die Stirn behandelst du gesondert. (Nicht nach oben streichen, sonst richten sich die Flaumhärchen auf.)
- 3. Schritt: Höre stets an der Kinnlinie auf.
- 4 Schritt: Lass die Grundierung von der Kinnlinie den Hals hinab verlaufen.
- 5. Schritt: Pudere Gesicht und Hals.

GLATT MUSS NICHT SEIN

Ein absolut glattes Gesicht war vielleicht Pflicht, als du ein junges Mädchen warst – heute erwartet das niemand mehr. Vielmehr würde es in deinem Alter unglaubwürdig wirken. Andererseits soll die Welt auch nicht alles sehen. Es gibt Grenzen, und die ziehen wir selbst.

Flecken. Überdecke Flecken und andere Unliebsamkeiten wie Äderchen und große Poren mit Puder. Davon verschwinden sie zwar nicht, aber sie fallen weniger auf. Sollte dich ein Muttermal oder ein Pigmentfleck ernsthaft stören, dann betupfe ihn mit einem Concealer, bevor du Grundierung und Puder aufträgst. Werde jedoch nicht zur Sklavin des Concealers, schließlich darf ein Fleck nicht zur Obsession werden. Einen Pigmentfleck solltest du so gut wie möglich vor der Sonne schützen, am besten durch Sonnencreme mit Schutzfaktor fünfzig.

Falten. Wie erwähnt akzentuiert Grundierung Falten, daher solltest du deine Falten auf keinen Fall noch zusätzlich pudern.

DIE AUGENBRAUEN

Lass die Augenbrauen so natürlich wie möglich. Schmale Bögen gelten zwar seit Jahrzehnten als Ideal, dennoch solltest du dich nicht an kräftigeren Brauen stören. Die Augenbrauen verleihen dem Gesicht Ausdruck, und vielleicht passen buschige Brauen genau zu dem Typ Frau, der du bist und sein willst. Andererseits: Gut gestylte Brauen können wie ein Facelifting wirken. Auch wenn sie dich ärgern, mach dich ans Werk und zupfe sie Härchen für Härchen zu schlichten Bögen, die der Linie deiner Augen folgen. Bitte vergiss nicht, rechtzeitig nachzuzupfen, vor allem wenn du dunkelhaarig bist.

Zupfen. Du zupfst nur am unteren Rand, die Härchen darüber sollten unangetastet bleiben, denn sie bestimmen die Richtung – es sei denn, sie wachsen wild durcheinander. Versuche die Brauen nicht zu dünn zu zupfen, das führt nämlich zu einem permanent erstaunten (oder aber dümmlichen) Gesichtsausdruck. Nimm auch nicht zu viel weg, denn hohe Bögen machen kleine Augen, vor allem wenn die Haut ringsum nicht mehr ganz straff ist.

Zwischen den Augen. Der Bereich zwischen den Brauen sollte etwa daumenbreit sein. Wenn du also den Daumen mit der Spitze zwischen den Augen auf die Nase legst, erkennst du genau, welche Härchen du wegzupfen musst.

Augenbrauenstift. Einen solchen Stift solltest du nur dann verwenden, wenn du extrem helle Brauen hast. Einen schwarzen Stift wirfst du am besten auf der Stelle weg, denn ein Augenbrauenstift sollte hell- oder dunkelbraun sein, je nach Haar- und Augenfarbe. Zieh keine Linien, sondern zeichne feine Härchen.

DIE AUGEN, TEIL I

Die Augen sind kleine Gemälde im Gesicht und bestimmen den ersten Eindruck maßgeblich. Schon deshalb widmen wir ihnen viel Aufmerksamkeit.

»Ich gehe nie ohne Mascara aus dem Haus.«
»Wenn ich im Schwimmbad war, setze ich eine Sonnenbrille auf. Für den Fall, dass ich Bekannte treffe.«

Zum Augen-Make-up gibt es unterschiedliche Vorstellungen. Manche Frauen experimentieren begeistert mit Volumenmascara, die sie gleich mehrfach auftragen, andere schwören auf das Minimum. Zwei Tricks passen jedoch für jede Frau.

Tränensäcke, Ringe und Schatten unter den Augen lassen dich müde wirken. Zum einen helfen da frische Luft und ausreichend Schlaf, zum anderen spezielle Cremes, die die dünne Haut um die Augen straffen. Schatten werden am besten mit einem Concealer kaschiert, ein Tropfen helles transparentes Flüssig-Make-up hilft aber ebenso gut. Die Farbe sollte eine Nuance heller sein als der Teint. *Wimperntusche.* Benutze immer Mascara und spare nicht damit, pass aber auf, dass sie nicht klumpt. Es gibt alle möglichen Mascaras – am besten du verwendest eine wasserfeste (praktisch bei Hitzewallungen und tränenden Augen). Beschränke dich auf Schwarz oder Braun und vermeide andere Farben, denn grüne oder blaue Wimpern stehen nur Außerirdischen.

DIE AUGEN, TEIL II: WILLST DU MEHR? DANN TU MEHR

Lidschatten. Ein seidenglänzender, transparenter Lidschatten passt am besten zu Augenlidern, die nicht mehr ganz so straff sind. Natürliche Farben (Beige, Grau, Graubraun) wirken weich, dunklere Farben (Grün, Blau, Violett) fallen stärker auf. Zu leicht gebräunter Haut passen sie auf jeden Fall. Bist du eher blass und willst trotzdem grünen Lidschatten zu deinen grünen oder braunen Augen oder deinem blonden Haar kombinieren, dann mische das Grün mit einem natürlichen Ton. Trag erst das Grün auf (oder eine andere dunkle Farbe) und darüber dann eine dünne Schicht Beige. So erzielst du die größte Wirkung, und das Grün bleibt erhalten.

Wenn du ausgehst und dich stärker schminken willst, dann trag auch auf die unteren Augenlider Lidschatten auf. Setze am äußeren Augenwinkel an und ende in der Mitte des Auges etwa auf Höhe der Iris. Das vergrößert den Augenaufschlag.

Ab fünfundfünfzig wird Lidschatten allerdings riskant. Die Augen können dann etwas tiefer liegen, sie wirken dadurch kleiner, und das braucht nicht noch mit Lidschatten betont zu werden. Grell-farbiger Lidschatten akzentuiert übrigens schwerere Lider.

Eyeliner. Magst du Eyeliner und möchtest mit Hilfe von schwarzen oder braunen Linien deine Augen stärker zur Geltung bringen, dann vermeide dicke Striche. Die beißen sich bloß mit Krähenfüßen und sonstigen Lachfältchen.

Für das Oberlid benutzt du am besten flüssigen Eyeliner. Wenn er fast trocken ist, solltest du ihn mit einem Wattestäbchen ein klein wenig verreiben, und nach dem Trocknen kannst du ihn mit einem Hauch transparentem Lidschatten eventuell noch etwas betonen.

Für das Unterlid verwendest du idealerweise einen Kajalstift. Auch diese Linien kannst du mit einem kleinen Pinsel oder einem Wattestäbchen ein wenig verwischen.

Natürlich entfernst du dein Augen-Make-up vor dem Schlafengehen, am besten mit einem Remover auf Ölbasis.

Die Brille. Betrachte deine Brille als ein Teil deines Make-ups. Gönn dir ruhig mehrere Modelle und kauf dir, wenn möglich, jedes Jahr eine neue. Schließlich trägst du die Brille täglich zu verschiedenen Kleidern und verschiedenen Gelegenheiten. Du hast ja auch nicht nur einen Lippenstift, ein Kleid und ein Paar Schuhe.

DIE BRILLENKOLLEKTION

- eine für den Alltag,
- eine für wichtige Termine oder Anlässe, bei denen du einen seriösen Eindruck machen willst,
- eine für einen Waldspaziergang oder für den Sport.
- Nummer vier kann ruhig ein exzentrisches Exemplar sein, für den Fall, dass du mal auffallen willst.
- Praktisch: eine Sonnenbrille in deiner Sehstärke.

Verlass dich bei der Auswahl einer Brille nicht allein auf den Handspiegel beim Optiker, sondern suche ein Gestell immer auch danach aus, wie du in einem Ganzkörperspiegel damit aussiehst. Nimm ein Gestell, das einen Kontrast zu deiner Gesichtsform bildet. Zu einem schmalen, länglichen Gesicht passt eine runde Form. Ein rundes Gesicht braucht eine Brille mit horizontalen Linien, also etwas breiter und mit schmaleren Gläsern. Wähle das Gestell nicht in deiner Lieblingsfarbe (»ich mag nun mal Rot«), sondern stimme es auf deine Haarfarbe ab, ob natürlich oder nicht. Deine Augenfarbe spielt natürlich auch eine Rolle, so solltest du zu hellgrünen Augen besser kein blaues Gestell nehmen. Aber letztlich gibt die Haarfarbe den Ausschlag. Zu Kastanienbraun bis Rötlich passt ein grünes Gestell, bist du blond, probier es ruhig mal mit einer Horn- oder einer Schildpattbrille. Grauhaarige könnten mit einem transparenten Gestell anfangen, was allerdings oft sehr brav wirkt. Versuch es daher ruhig mal mit Rosa.

DIE WANGEN

Rouge ist eine heikle Angelegenheit. Bei jungen Frauen sieht ein Hauch von Rot auf den Wangen lustig aus, jenseits der vierzig wird man damit jedoch leicht zum Clown. Gekonnt aufgetragenes Rouge dagegen kann für ein reifes Gesicht viel tun. Trag es am besten nach dem Basis-Make-up auf, verteile es auf den Wangen und ganz leicht auch auf Stirn und Kinn. Danach pudern. Das Rouge darf nicht auffallen, es muss unmerklich schöner machen.

DER MUND

Das Gute am Lippenstift ist, dass es praktisch keine Frau gibt, der er nicht steht. Lippenstift kann man in jedem Alter tragen, und er schmeichelt im Grunde immer.

»Kein Augen-Make-up, nur Lippenstift – der Effekt ist umwerfend.«

Lippenstift: die Mundform. Zieh mit dem Lippenstift den Mund nur nach. Verhülle nichts und bausche auch nichts auf. Mach einen großen Mund nicht zum Mäulchen und male keinen Kussmund, wo keiner ist. Geh auf keinen Fall über die natürlichen Konturen deines Mundes hinaus und trag deinen Mund nicht vor dir her.

Ob du nun schmale Lippen hast oder besonders breite: Zieh die schönen Lippen nach, die die Natur dir gegeben hat – sie passen zu deinem Gesicht.

Lippenstift: die Farbe. Wähle die Farbe eine Spur kräftiger, als du dich eigentlich traust: eine Nuance mehr Rot, einen Hauch mehr Rosa, eine Idee mehr Orange.

Praktisch ist es, Lippenstifte in mehreren Farbtönen zu besitzen, damit du die Farbe deines Mundes besser auf die Farbe deines Outfits abstimmen kannst. Aber zuvor musst du entscheiden, welche Farbe besser zu deiner Haut und deinen Haaren passt: Rot oder Braun/Orange. Zartrosa ist übrigens immer und für jede Frau gut. Lass dich auf jeden Fall von einer Verkäuferin beraten, die mindestens in deinem Alter ist, denn junge Verkäuferinnen interessieren sich mehr dafür, welche Lippenstiftfarbe gerade in Mode ist, als für dich und deinen Typ. Eine ältere Verkäuferin wird in erster Linie darauf achten, was dich attraktiv macht.

Jenseits der fünfundfünfzig solltest du mit grellen Farben vorsichtig sein, auch wenn das kein Naturgesetz ist. Zu dunkler oder auch zu besonders weißer Haut können grelle Farben toll aussehen. Wenn du dir den dramatischen Effekt eines dunklen Lippenstifts zutraust, dann mach ihn dir zunutze und trag ihn ab und zu auf, als Überraschung. Weil du es dir leisten kannst – eine junge Frau kann das nämlich nicht. Tiefdunkler oder grellfarbiger Lippenstift wirkt bei den meisten jungen Frauen zu theatralisch, eine ältere Frau dagegen lässt er interessant und exotisch wirken.

Lippenfältchen. In älteren Lippen zeichnen sich manchmal feine Linien ab. Keine Panik, dafür gibt es im Handel Faltenfüller. Das ist eine Art Balsam, der die Haut reizt, so dass die Lippen etwas anschwellen. Unter dem Lippenstift aufgetragen, lassen sich die Fältchen damit gut kaschieren.

Die Frage ist allerdings, ob diese Linien wirklich so hässlich sind. Meist sieht man sie ohnehin nur, wenn man im Spiegel ganz genau hinschaut. Andere bemerken sie oft gar nicht.

Fältchen in der Oberlippe. Eine andere Sache sind die senkrechten Fältchen in der Oberlippe. Sie gehören zu den Veränderungen, die uns mit Ende fünfzig am meisten ärgern, denn sie lassen den Mund alt wirken, zumal wenn am Ende des Tages Lippenstift darin klebt.

Aber leider ist gegen diese Fältchen kaum ein Kraut gewachsen. Wenn du welche hast, genier dich nicht dafür. Versuch auf keinen Fall, deinen Mund unauffälliger zu machen oder sie zu verbergen – es wäre vergebliche Liebesmüh. Tritt lieber die Flucht nach vorne an, indem du dir einen schönen Lippenstift von einer renommierten Marke kaufst und für einen konsequent sorgfältig geschminkten Mund sorgst.

Konturenstift. Wenn du die Konturen deiner Lippen mit einem Konturenstift fixierst, verhinderst du das Auslaufen des Lippenstifts. Falsch angewandt schadet der Konturenstift jedoch mehr, als er nützt. Er muss exakt dieselbe Farbe haben wie der Lippenstift und darf auf keinen Fall dunkler sein. Ein Mund mit einem

dunklen Rand ist hässlich. Das ist was für abgehalfterte Filmstars, nicht für uns.

Für Perfektionistinnen – und für all jene Frauen, die gern mehr
Zeit investieren:

DER SCHÖNE MUND – PROFESSIONELL GESCHMINKT

- 1. Schritt: die Lippen pudern (mit einem Pinsel und nicht mit einer Quaste).
- 2. Schritt: mit dem Konturenstift eine feine Linie ziehen.
- 3. Schritt: die Lippen mit einem Kosmetiktuch abtupfen.
- 4. Schritt: mit einem Pinsel Lippenstift auftragen.
- 5. Schritt: nochmals abtupfen.
- 6. Schritt: nochmals pudern.
- Allgemein gilt: Weniger ist mehr. Eine Schicht Lippenstift genügt, denn zwei oder drei Schichten wirken nicht intensiver, schließlich bleibt die Farbe dieselbe, und zu dick geschminkte Lippen sind hässlich.

Achte stets auf einen sorgfältig geschminkten Mund. Zieh dir die
Lippen auf keinen Fall nach, denn dann kann es passieren,
dass sich zu viel Lippenstift in den Fältchen ansammelt und sie
erst recht auffallen. Ist der Lippenstift verblasst, reinige den
Mund mit einem Kosmetiktuch und schminke ihn noch einmal
neu.

DAS KINN

Achtung, Damenbart! Ab fünfzig können schwarze oder graue
Haare an Kinn, Kiefer oder Mundwinkeln wachsen – ein Hor-

rorszenario. Man fühlt sich sofort als hässliche Alte, als Schießbudenfigur.

Finde dich bitte nicht damit ab, sondern unternimm etwas dagegen. Du kannst die Härchen mit Wachsstreifen entfernen oder auszupfen, allerdings musst du die Prozedur ständig wiederholen. Einfacher ist es, wenn du sie blondierst.

Oder du gehst die Sache radikaler an. Berate dich mit einer Kosmetikerin, was besser für dich ist: elektrische Enthaarung (graue Haare) oder Laserepilation mit dem IPL(Intense Pulsed Light)-Verfahren.

Plane genug Zeit für die Behandlung ein, möglichst einen ganzen Urlaub, denn das Unangenehme an diesen beiden Methoden ist, dass die unerwünschten Haare eine gewisse Länge haben müssen, damit sie bei der Behandlung erfasst werden können. Oft sind auch hier mehrere Sitzungen nötig, und das Resultat ist nie wirklich dauerhaft.

EXKURS: DIE KOSMETIKERIN

Eine regelmäßige Behandlung bei der Kosmetikerin kann viel ausmachen – manche Frauen behaupten sogar, sie verändere ihr Leben. Eine Kosmetikerin erhält deine Schönheit, repariert, wo es nötig ist, und sucht Lösungen für Schwachpunkte. Dabei schöpft sie alle Möglichkeiten aus, die dein Gesicht bietet. Sie zupft die Brauen in Form und verfügt über das nötige Instrumentarium, um den grauen Haaren an Kinn, Kiefer und Mundwinkeln den Garaus zu machen.

Nutze die Gelegenheit und stell der Kosmetikerin Fragen.

Frag sie, wie du Augen und Mund so schminken kannst, dass sie ausdrücken, wer du bist oder sein willst.

Frag sie nach Techniken, wie du dein Make-up gut und schnell auftragen kannst.

Frag sie, ob sie dir den Umgang mit Farben beibringen kann, welche Farben deinem Gesicht schmeicheln und wie du sie am besten kombinieren kannst.

Bitte sie, dein Profil zu inspizieren, und frag sie, wie du dein Make-up ideal darauf abstimmen kannst.

DER KÖRPER

Mit einem attraktiven, gepflegten Gesicht ist schon viel gewonnen, dennoch darf der Körper nicht zu kurz kommen. Eine zarte, reine Haut ist nicht nur schön anzusehen, sondern auch schön anzufassen – ob nun für die Hände eines Mannes oder die Fäustchen eines Kleinkindes.

Duschen. Benutze möglichst keine Seife. Du regst die Haut am besten an, indem du sie mit Duschschaum und einem leicht rauhen Schwamm schrubbst. Abgestorbene Hautpartikel verschwinden dabei ebenso wie die kleinen roten Pickel, die sich als eine Art permanente Gänsehaut an Armen und Hüften und unterhalb des Pos gebildet haben.

Peeling. Einmal pro Woche ein Peeling aufzutragen tut gut. Am besten ist eine Behandlung mit einem Badeschaum, der Öl und Zucker oder Meersalz enthält. Du kannst auch einfach eine Handvoll grobes Meersalz mit einem Sisalhandschuh oder einem festen Schwamm auf der nassen Haut verreiben. Den Rücken lässt du dir am besten von jemand anderem schrubben, oder du benutzt ein Rückenband aus Sisal.

Das Schrubben vermindert rauhe Stellen an Ellenbogen und Knien und macht die »erstarrte« Haut an den Schienbeinen geschmeidiger. Es entfernt nicht nur abgestorbene Schüppchen, sondern zwingt die Haut auch, sich zu erneuern. Nicht zuletzt wird die Durchblutung angeregt, und die Poren öffnen sich.

Bodymilk/Bodylotion. Duschen, Baden und Peelen trocknen die Haut aus. Dagegen muss natürlich etwas getan werden. Nimm dir daher nach jedem Duschen die Zeit, dich von Kopf bis Fuß mit einem Feuchtigkeitsspender einzureiben. Bodylotion ist meist dünn, Bodymilk ist dicker und verteilt sich leichter.

DIE ACHSELN

Enthaaren. Die Achselhöhlen sollten regelmäßig enthaart werden, das sieht einfach schöner aus. Außerdem ist es appetitlicher, denn in den Achselhaaren sammelt sich der Schweiß, einschließlich des Geruchs.

DUFT

Ein wichtiger Grund für gegenseitige Anziehung ist dein Duft. Leider ist er auch oft ein Grund, warum man einen Menschen abstoßend findet. Achte daher in jeder Situation darauf, dass du keinen Schweißgeruch verströmst.

Deodorant. Benutze stets ein Deo, das du sorgfältig ausgewählt und dessen Duft du getestet hast. Kauf eines, um zu sehen, ob es dir zusagt, anschließend kauf ein anderes und danach wieder ein anderes. So lange, bis du zufrieden bist und genau weißt: Dieses eine passt zu mir. Nimm ein Deo, das nicht zu stark duftet oder anderweitig auffällig oder scharf riecht.

Wende dein Deo ruhig zwei- bis dreimal täglich an.

Willst du ein T-Shirt oder einen Pulli ein zweites Mal anziehen, schnuppere kurz daran, um festzustellen, ob er auch wirklich nicht unangenehm riecht. Schon ein Hauch von altem Schweiß ist fatal. Im Zweifelsfall gilt: Ab in die Wäsche damit.

Parfüm/Eau de Toilette. Deine Ausstrahlung, der Eindruck, den du machen möchtest, der Effekt, den du beabsichtigst – das alles lässt sich auch mit einem Parfüm steuern.

Werde dir zunächst darüber klar, was du willst. Das Parfüm sollte subtil sein, außerdem nicht zu schwer und dezent aufgetragen. Stark parfümiert zu sein gilt als Zeichen von Unsicherheit. Wenn dein Parfüm vor dir zur Tür hereinkommt, dann stimmt etwas nicht.

Die Wahl eines Duftes erfordert recht viel Zeit und Achtsamkeit, doch das zahlt sich aus. Hast du deinen idealen Duft gefunden, stell das Experimentieren ein. Du kannst Jahre bei diesem Duft bleiben, vielleicht sogar für immer.

Lass dich in der Parfümerie ruhig beraten, aber vertraue letzten Endes allein auf deine eigene Nase. Da der Säuregrad deiner Haut darüber entscheidet, wie ein Parfüm bei dir wirkt, solltest du den Duft nicht testen, indem du ihn auf ein Kärtchen sprühen lässt. Zerstäube ihn vielmehr auf deinem Handgelenk oder dem Unterarm und nimm nicht das Parfüm, sondern das Eau de Toilette, die schwächer konzentrierte Schwester des Parfüms, denn das verfliegt schneller.

EINEN DUFT PROBIEREN

- 1. Schritt: Zerstäube etwas Eau de Toilette auf Handgelenk oder Unterarm und nicht auf ein Kärtchen.
- 2. Schritt: Nicht verreiben, wedeln oder pusten, lass es verfliegen.
- 3. Schritt: Ist das Eau de Toilette verflogen, rieche aus geringem Abstand an der entsprechenden Stelle.
- 4. Schritt: Lass dir Zeit. Entscheide dich nicht sofort – auch nicht dagegen. Dreh eine Runde durch das Geschäft und rieche erneut an der Stelle.
- 5. Schritt: Hüte dich vor allzu schweren, aber auch vor allzu diskreten Düften.

- 6. Schritt: Probier einen anderen Duft am anderen Handgelenk und vergleiche ihn mit dem ersten.
- 7. Schritt: Bist du nicht zufrieden, lass es für den Moment gut sein. Noch ein Duft wäre zu viel, denn deine Nase würde streiken.
- 8. Schritt: Komm an einem anderen Tag wieder und such weiter.

DIE BEINE

Behaarte Beine wirken unschön und derb, also quäle dein Äußeres nicht damit. Systematisches Enthaaren und regelmäßiges Peelen machen deine Beine schöner und die Haut weicher. (Siehe auch *Die Achseln,* S. 211)

DIE HÄNDE

Die Hände verraten dein wahres Alter. Glatt sind sie mit über fünfzig nicht mehr, die Adern werden leider Gottes mit den Jahren sichtbar, um nicht zu sagen dick, die Fingergelenke schwellen an und werden faltig, die Haut an den Händen überzieht sich mit einem Netz von Fältchen. Das ist alles nicht schön, aber bitte gib deine Hände nicht auf.

Die Fingernägel. Zu schönen Händen gehören schöne Nägel. Feile die Nägel rund und lass sie nicht zu lang wachsen. Transparenter Nagellack ist schön, zartrosa transparenter Lack kann gar Wunder wirken und farbiger Lack sollte stets zur Lippenstiftfarbe passen.

Alte Hände mit langen Nägeln wirken wie Klauen, und auch künstliche Fingernägel sind bei der reiferen Frau fehl am Platz. Die überlassen wir Frauen unter fünfundzwanzig.

Pflege deine Hände möglichst häufig mit einer Handcreme. Das geht irgendwann ganz automatisch, und beim Lesen, beim Musikhören oder beim Fernsehen hast du dazu jede Menge Zeit.

PFLEGE DEINE HÄNDE

- 1. Schritt: Wärme deine Hände unter warmem Wasser an (warme Haut absorbiert leichter).
- 2. Schritt: Creme deine Hände mit einem Handbalsam ein.
- 3. Schritt: Massiere deine Finger, von der Fingerspitze abwärts, Finger für Finger, ruhig und mechanisch, solange du kannst.

DIE FÜSSE

Die Füße werden leider gern mal vergessen. Das ist schade, denn sie können viel verderben. Eine gepflegte Frau in tollen Schuhen zerstört ihre komplette Erscheinung, wenn aus den tollen Schuhen Zehen mit dicken Hornhautschwielen oder Fersen mit einem schuppigen Hornhautrand hervorlugen.

Füße müssen schön sein. Erst recht in zehenfreien, aber auch in geschlossenen Sandalen wie Slingbacks, die nur ein Riemchen um die Fersen haben.

Selbst wenn niemand außer dir deine Füße je zu Gesicht bekommt – warum solltest du ihnen keine Pflege gönnen, dir selbst zuliebe? Schöne Füße mit rot lackierten Zehen in Badeschlappen sind ebenfalls ein schöner Anblick.

Halte die Zehennägel kurz. Zehen sind keine Finger, und das müssen sie auch nicht sein. Lange, über die Zehen gekrümmte Nägel sehen schrecklich aus (außerdem ruinieren sie Strumpfhosen). Schneide die Nägel rechtzeitig wieder kurz und gerade. Das sieht elegant aus, und es verhindert das Einwachsen.

Lackiere dir die Zehennägel, auch wenn du nie Sandalen trägst.

Verwende Sorgfalt auf deine Füße. Bade sie, reib sie ein und massiere sie regelmäßig, denn Füße müssen viel aushalten. Sie werden in enge Schuhe gezwängt, in hohen Schuhen stützen sie sich immer auf dieselben Punkte, sie müssen den ganzen Tag laufen und stundenlang stehen. Doch die Füße schlagen zurück und schützen sich, indem sie Hornhaut bilden. Und Hornhaut lässt dich alt wirken.

Hornhaut entfernen. Entferne die Hornhaut einmal in der Woche nach dem Duschen mit einem Bimsstein oder einem Hornhauthobel. Übertreib es jedoch nicht, denn zu viel des Guten führt schnell zu Hautreizungen, außerdem ist die Hornhaut bald wieder da, noch dazu dicker als zuvor.

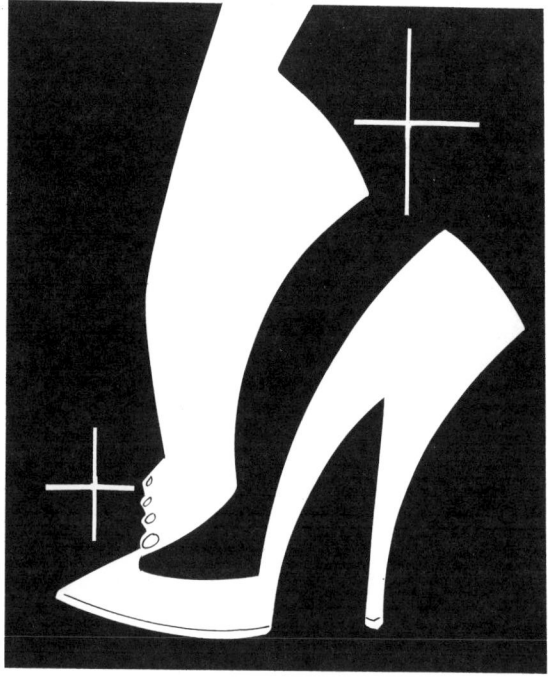

Die Pediküre. Warte nicht, bis die Hornhaut zum Hühnerauge wird. Egal, ob du Probleme mit den Füßen hast oder nicht – es empfiehlt sich, alle acht bis zehn Wochen zur Fußpflege zu gehen.

FÜR ZARTE FÜSSE SORGEN –
EINMAL IN DER WOCHE

- 1. Schritt: Bade die Füße in warmem Wasser mit Badesalz oder Badeöl. (Waschpulver leistet genauso gute Dienste.)
- 2. Schritt: Trockne die Füße gut ab.
- 3. Schritt: Creme Füße und Knöchel dick mit Vaseline ein.
- 4. Schritt: Ziehe Baumwollsocken an und lass sie so lange an, bis die Vaseline vollständig in die Haut eingezogen ist.

Die Ratschläge zu Make-up und Körperpflege in diesem Kapitel sind folgendem Buch entnommen: Francine Maroukian & Sarah Woodruff: *The Handbook of Style*, Quirk Books, Philadelphia 2007.

FALTEN: DER KÖRPER VERÄNDERT SICH

Kosmetische Strategien

>»Man sieht, dass ich älter werde: Meine Haut wird allmählich schlaff.«
>»Große Poren und Falten – und es gibt kein Entkommen.«
>»Die Fältchen auf der Oberlippe, die haben mich richtig überfallen.«
>»Wo kommen diese dicken Arme plötzlich her?«

Wegen des Älterwerdens an sich machen wir uns kaum Sorgen. Aber besonders zuversichtlich sind wir auch nicht, denn wir schauen in den Spiegel und denken: Das soll ich sein? Eines Tages sehen wir dann älter aus, als wir dachten.

Machen wir uns nichts vor: Das geht schon eine ganze Weile so. Angefangen hat es, als wir fünfunddreißig waren, mit feinen Linien auf der Stirn, einem sich abzeichnenden V zwischen den Augenbrauen oder den Vorboten der Fältchen, die sich so witzig Krähenfüße nennen, aber alles andere als witzig sind. Damals haben die meisten von uns in einem Moment der Verzweiflung schon mal Zuflucht bei der Antifaltencreme gesucht.

>»Ich dachte, die ist so teuer, davon gehen meine Falten bestimmt weg. Aber im Grunde wusste ich, dass es nicht so ist.«

219

Leider, leider: Was immer die Werbung verspricht – Antifaltencremes bewirken so gut wie nichts. Die Filmstars, die diverse Cremes anpreisen, haben ihre glatten Gesichter anderen Mitteln zu verdanken, chemischen, chirurgischen oder der Kunst des Fotografen. Mit gedämpftem Licht, dem richtigen Objektiv und Photoshop ist heutzutage alles möglich.

Antifaltencremes parfümieren die Haut – mehr nicht. Je teurer sie sind, desto extravaganter ist das darin enthaltene Parfüm. Aber Falten beseitigen? Pustekuchen. Nicht mal die feinen Linien gehen davon weg.

Die Cremes bewirken ein zeitweiliges Aufquellen der Haut, das die Falten scheinbar verschwinden lässt, denn die aufgequollene Haut zieht die Falten glatt. Für kurze Zeit jedenfalls, danach sind die Linien wieder da.

Wenn du glaubst, dass deine Creme wirklich etwas bewirkt, dann machst du dir etwas vor. Da ist der Wunsch der Vater des Gedankens: Du bildest dir ein, die eine Falte, ja, die, genau da, sei nicht mehr ganz so tief, seit du diese sündhaft teure Creme benutzt. Träum weiter …

Du solltest auch nicht an die elektrischen Geräte glauben, die unter allerlei beruhigenden Namen auf den Markt kommen. Die Werbung behauptet, man könne damit die Falten »wegbügeln«. Gib nichts auf die pseudowissenschaftlichen Argumente der Hersteller, denn solche Geräte sind nichts weiter als witzige, schön geformte, charmante kleine Spielzeuge für Frauen. Gegen Falten richten sie nichts aus, also spar dir die Kosten und die Mühe.

Wenn du Falten wegbügeln willst, dann tu es mit einer warmen Kaffee- oder Teetasse. Rolle sie auf der Falte oder dort, wo du eine Falte erwartest, hin und her. Vor allem die Falten, die deine Oberlippe bedrohen, kannst du auf diese Weise ein wenig bekämpfen. Das wird zumindest behauptet. Nun ja, schaden kann es jedenfalls nicht, außerdem kostet es nichts.

DIE HAUT SCHÜTZEN – NUR WIE?

Das Einzige, was der Faltenbildung und dem Erschlaffen der Haut einigermaßen entgegenwirkt, ist Disziplin.

Rauchen verändert die Haut, und Nikotin macht erwiesenermaßen Falten. Wenn du mit dem Rauchen aufhörst, bevor du vierzig bist, dann bleibt dir deine jugendlich straffe Haut länger erhalten.

Alkohol wirkt sich nicht ganz so verheerend auf die Haut aus wie Nikotin, aber schlecht ist er auch. Er entzieht dem Körper Feuchtigkeit, und die Zeche bezahlt die Haut. Wer so wenig Alkohol wie möglich trinkt, trägt also ebenfalls dazu bei, dass die Haut möglichst lange glatt bleibt.

Koffein entzieht dem Körper und damit der Haut ebenfalls Feuchtigkeit. Zu jeder Tasse Kaffee gehört daher ein Glas Wasser. *Sonnenbaden* richtet die Haut regelrecht zugrunde, denn Sonnenlicht trocknet aus. Es regt die Haut zur Bildung sogenannter freier Radikale an, die wiederum den Kollagen- und Elastinabbau begünstigen. Die Oberhaut stirbt beschleunigt ab, und es entstehen Falten. Du solltest daher besser im Schatten bleiben. Miete am Strand einen Sonnenschirm, setz dich im Garten unter ein Vordach oder spann ein Laken über den Balkon und trag beim Spazierengehen oder Radfahren stets einen breitkrempigen Hut. Eine breite Sonnenbrille wirkt übrigens Blinzelfältchen entgegen.

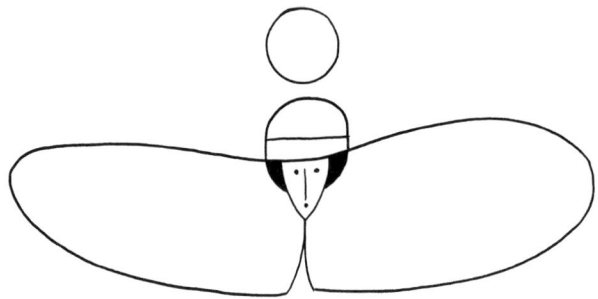

Gesichtsgymnastik. Manche Menschen glauben an den Nutzen eines Gesichtsmuskeltrainings. Um beispielsweise die Haut an Hals und Kinn glatt zu erhalten, sprechen sie morgens die Buchstaben X und U fünfzehnmal übertrieben betont aus. Es gibt komplette Trainingsprogramme mit solchen Übungen (siehe z. B. das Buch *Natürliches Facelifting: Jung und schön mit gezielter Gesichtsgymnastik* von Carole Maggio). Ob diese Übungen wirklich hilfreich sind, sei dahingestellt. Die Muskeln im Gesicht werden zwar trainiert, und sie halten die Haut straff – denkt man –, aber wenn man es falsch macht und ungewollt eine Muskelgruppe stärker trainiert als eine andere, können sich gerade dadurch Falten bilden.

Pflege deine Haut. Durch Eincremen bleibt die Haut aktiv, gut durchblutet und mit der Bildung neuer Zellen beschäftigt. Allein deshalb ist es von Vorteil, Gesicht, Hals und Dekolleté jeden Morgen mit einer alkoholfreien Lotion anzuregen und anschließend mit einer Tagescreme zu schützen. Achte beim Kauf der Tagescreme auf den Aufdruck, denn wichtiger als der Preis oder die berühmte Marke ist der Sonnenschutzfaktor. Er sollte übrigens mindestens 30 betragen.

Abends solltest du Gesicht, Hals und Dekolleté mit einer Milch reinigen, mit der Lotion auffrischen und dann (ganz sanft) mit einer Vitamin-A-haltigen Nachtcreme massieren.

Die UV-Strahlung baut das Kollagen in der Haut ab und vermindert dadurch die Elastizität. Vitamin A wirkt diesem Abbauprozess entgegen und regt die Bildung neuen Kollagens an. Sonnenlicht baut Vitamin A ab, weshalb dieses Vitamin oft in Nachtcremes enthalten ist. Eine Nachtcreme mit einem Vitamin-A-Gehalt von mindestens 0,3 Prozent ist daher eine sinnvolle und notwendige Ergänzung.

GUT FÜR DIE HAUT

- Nicht rauchen,
- kein Alkohol,
- wenig direkte Sonneneinstrahlung,
- Tagescreme mit mindestens Schutzfaktor 30,
- Nachtcreme mit Vitamin A (mindestens 0,3 %).

NUTZLOS

- Antifaltencremes,
- Antifaltenstifte, zum Beispiel gegen die Falten auf der Oberlippe,
- Elektrische Antifaltengeräte.

DEN FALTEN ANS LEDER:
VON FACELIFTING BIS BOTOX

»Warum nicht, wenn es mir zehn Jahre schenkt?«

Wieder der Spiegel. Du schaust hinein, hättest gern ein paar Falten weniger und ein strafferes Kinn. Diese Falte da auf der Stirn, die stört dich besonders, und deine Lider hängen schon halb über die Augen, die möchtest du straffen lassen. Es ist ganz individuell: Was dich ungemein stört, darüber lachen andere nur. Höchstwahrscheinlich sind sie jedoch genauso unzufrieden, wenn auch aus anderen Gründen, über die du wiederum nur lachen kannst. Viele Frauen leiden unter irgendeinem Mangel ihres Gesichts oder ihres Äußeren, der anderen überhaupt nicht auffällt. Natürlich ist das jetzt kein Grund, diesen Mangel zu bagatellisieren. So ein Komplex ist schließlich kein Phantom und kann im Extremfall zwanghafte Formen annehmen. Das sollte verhindert werden.

»Bei anderen finde ich Falten nicht hässlich. Bei mir schon.«
»Die eine Falte da sollte vielleicht weg.
Aber die hatte ich schon mit dreißig.«

Was für uns schlimm ist, ist für andere gar nicht schlimm. »Ich seh nichts«, bekommst du immer wieder als Antwort auf deine Klagen, doch du musst nun mal mit diesen Falten leben. Schon ein einziges Krähenfüßchen kann dir das Leben schwermachen, eine Falte am Hals kann dich dazu bringen, immer einen Schal zu tragen oder ständig die Hand an die Kehle zu legen. Einer bemerkt von all dem ganz bestimmt nichts: dein Partner. Der sieht die Falte nämlich erst, wenn du ihn darauf aufmerksam machst. Also beherrsch dich und sag nichts.

SCHLIMM FÜR DIE EINEN,
KEIN PROBLEM FÜR DIE ANDEREN

- Dicke Muttermale,
- Leberflecke,
- Pigmentflecke,
- Krähenfüße,
- Tränensäcke,
- Schatten unter den Augen,
- Ringe unter den Augen,
- Hängelider,
- Hängewangen,
- Lachfalten,
- Falten um den Mund,
- Lippenfältchen,
- hängende Mundwinkel,
- ein Netz von Linien im Gesicht,
- Doppelkinn,
- Stirnfalten,
- Falten zwischen den Augenbrauen,
- Hühnerhals,
- Falten zwischen den Brüsten,
- Falten zwischen Rücken und Seiten,
- schwere Oberarme,
- dicke Adern auf den Händen.

Der Hautarzt ist für Unliebsamkeiten wie Alterswarzen (allein das Wort tut schon weh) und andere wenig kleidsame, mitunter sogar gefährliche Hautveränderungen wie erhabene Muttermale zuständig: Die lässt du in Absprache mit ihm am besten so schnell und radikal wie möglich wegschneiden oder -lasern.

Es kann durchaus medizinische Gründe geben, um dein Äußeres zu verändern. Sind deine Augenlider allzu schwer geworden oder deine Brauen so weit abgesackt, dass du kaum noch etwas siehst, dann wird dir jeder Hausarzt eine Überweisung für eine Lidkorrektur ausstellen. Manchmal zahlt sogar die Krankenkasse den Eingriff.

Auch psychisches Leid ist ein Argument. Werden Hängelider (Tränensäcke, hängende Brüste oder was auch immer) zur psychischen Belastung, ist es durchaus sinnvoll, eine chirurgische Korrektur in Erwägung zu ziehen.

Den Plastischen Chirurgen stellen sich viele Menschen als Wunderheiler mit der passenden Lösung für Falten im Gesicht, am Hals und zwischen den Brüsten vor. Er kann die Gesichtshaut straffen, er kann an Hüften und Schenkeln Fett absaugen, er kann etwas gegen erschlaffte Brüste tun, ebenso gegen einen Hängebauch, einen faltigen Rücken und einen schlaffen Po.

Dabei hat er viel mehr in seinem Repertoire als nur Eingriffe, die für ältere Frauen interessant sind. Er kann ein neues Kinn schaffen, andere Jochbeine, eine kleinere Nase, größere Brüste, eine glattere Vagina und weiß der Himmel, was noch alles. In den

USA ist das ein Milliardengeschäft. Dort und auch in Europa gibt es Reisebüros, die spezielle Kosmetikreisen in Niedriglohnländer wie Thailand, Costa Rica oder nach Afrika anbieten. Dort werden in Kombination mit einem anschließenden Erholungsurlaub kosmetische Operationen in Spezialkliniken zu relativ günstigen Tarifen durchgeführt.

Chirurgische Eingriffe schrecken jedoch viele Frauen ab. Viel zu drastisch, viel zu aggressiv mit der Narkose, dem Schneiden, Dehnen und Straffziehen der Haut, argumentieren sie. Das Ergebnis eines Faceliftings kann in der Tat wenig subtil ausfallen, und die maskenhaft starren Gesichter mit den seltsam gespannten Mundwinkeln sind in den letzten Jahren in Verruf geraten. Heute sind andere Methoden angesagt. Das sogenannte Mini-Facelifting wird immer populärer – eine richtige Operation zwar, aber schonender und kaum weniger wirkungsvoll.

Falten und schlaffe Haut werden heute oft chemisch behandelt, denn das Skalpell ist der Injektionsnadel gewichen. Kein Blut, keine Schnitte, keine Narben, nur ab und zu ein paar Pikser oder Laserstrahlen.

Lebt wohl, ihr Falten, willkommen, Weichzeichnergesicht.

DAS ABC DER MÖGLICHKEITEN UND VERSPRECHEN

Bio Skin Jetting. Bei dieser Methode wird die Haut durch winzige Schnitte unter der Falte dazu angeregt, zusätzliches Elastin und Kollagen zu produzieren. Genau genommen wird dabei Narbengewebe gebildet, das die Falte dann bis zu etwa achtzig Prozent »auffüllt«. Diese ziemlich langwierige Prozedur von jeweils etwa einer halben Stunde führen speziell dafür ausgebildete Kosmetikerinnen durch.

Botox. Botulinumtoxin ist eine Substanz, die die Nervenenden lähmt. Nach der Behandlung, die per Injektion erfolgt, bleiben Muskelimpulse aus, was die Faltenbildung verhindert. Diese Methode wird hauptsächlich bei sogenannten Mimikfalten angewendet, die durch Stirnrunzeln, Lachen, Augenzwinkern entstehen. Botox ist vor allem präventiv wirksam, also noch bevor sich Falten gebildet haben. Die Behandlung muss nach drei bis sechs Monaten wiederholt werden.

Facelifting. Bei dieser Operation wird die Haut zusammen mit den darunterliegenden Gewebeschichten gestrafft. Die Behandlung muss nach fünf bis zehn Jahren wiederholt werden.

Faltenfüller. Falten, Krähenfüße und eingefallene Wangen werden durch eine Injektion mit beispielsweise Kollagen oder Milchsäure »aufgefüllt« – und verschwinden dadurch. Die Behandlung muss im Durchschnitt nach drei Monaten wiederholt werden.

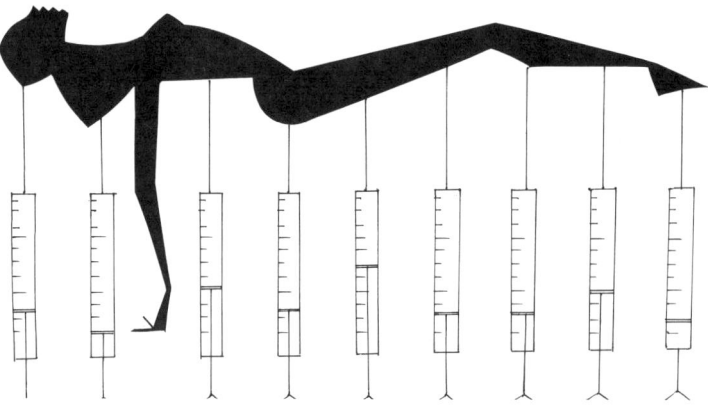

Permanente Faltenfüller. Bei dieser nicht schmerzhaften Behandlung wird sechs Wochen lang eine körperfremde Substanz injiziert, zum Beispiel eine Silikonverbindung. Körpereigene Zellen kapseln die Substanz ein, wodurch sich ein Polster bildet. Erschlaffte Haut wird wieder straff, Falten werden aufgefüllt.

228

IPL (Intense Pulsed Light). Die Behandlung mit Blitzlicht hilft gegen Pigmentflecke, Äderchen und andere Unregelmäßigkeiten der Haut, jedoch nicht gegen Falten. Oft sind mehrere Behandlungen nötig, die Wiederholung sollte alle drei Monate stattfinden. *Laserresurfacing.* Mit Laserstrahlen wird die obere Hautschicht abgetragen, wodurch die Haut glatter wird. Eine Wiederholung ist nach fünf bis zehn Jahren fällig.

Lichttherapie. Durch Lichtimpulse wird die Haut gewissermaßen erschreckt. Obwohl ihr dabei kein Schaden zugefügt wird, reagiert sie, als müsste sie sich regenerieren, was die Produktion von Kollagen und Elastin anregt. Die Therapie eignet sich vor allem bei müder oder fahler Haut und feinen, oberflächlichen Fältchen. Sie muss regelmäßig wiederholt werden.

Lipotransfer. Fettzellen, die dem Körper zum Beispiel aus dem Oberschenkel entnommen werden, injiziert der Arzt anschließend in die Falten. Ein Teil des Eigenfetts setzt sich dauerhaft fest, und die Falten verschwinden.

Mesotherapie. Hierbei handelt es sich um Injektionen mit Aminosäuren, Antioxidanzien und Vitaminen in die mittlere Hautschicht. Sie bekämpfen die Hautalterung und wirken vorbeugend gegen Erschlaffen und Faltenbildung. Alle sechs Monate ist eine Serie von sechs bis acht Behandlungen erforderlich.

Peeling 1: Die abgestorbenen Hautzellen werden entfernt, die Falten werden durch Bildung einer neuen Hautschicht gemildert. Die Anwendung muss regelmäßig wiederholt werden.

Peeling 2: Fruchtsäurebehandlung. Eine dünne Hautschicht wird entfernt und die Faltentiefe so durch Bildung einer neuen Hautschicht reduziert. Die Anwendung muss regelmäßig wiederholt werden.

Peeling 3: Chemisches Peeling. Ähnlich der Fruchtsäurebehandlung, nur mit chemischen Mitteln und effektiver. Die Anwendung muss regelmäßig wiederholt werden.

Peeling 4: *Dermabrasion*. Die Haut wird mit Hilfe eines Pulvers abgeschliffen, wodurch die Faltentiefe sich zeitweilig vermindert. Die Anwendung muss regelmäßig wiederholt werden.

RISIKEN UND NEBENWIRKUNGEN (EINE AUSWAHL)

- *Botox*: Migräneanfälle. Bei übermäßiger Anwendung: maskenhafter Gesichtsausdruck. Bei Anwendung an falscher Stelle: seltsamer Gesichtsausdruck (mit dem man dann monatelang herumlaufen muss).
- *Dermabrasion*: Beim oberflächlichen Abschleifen rötet sich die Haut, bei zu tiefem Abschleifen kann es zu Schürfwunden kommen.
- *Facelifting*: Erfordert Vollnarkose mit den entsprechenden Risiken und Nachwirkungen. Sichtbare Narben. Zu stark gestraffte Haut kann den Gesichtsausdruck verändern. Zeitweilige Lähmung eines oder mehrerer Gesichtsnerven. Nicht geeignet für Mimikfalten auf der Stirn, um den Mund und an den Augen (dafür ist eine gesonderte Operation nötig).
- *Permanente Faltenfüller:* Gefahr von Entzündungen und Verlagerung des eingekapselten Materials. Gelegentlich harte Beulen, die nur operativ entfernt werden können.
- *Peelings:* Die Haut ist nach der Behandlung eine Zeitlang rosa bis rot und verträgt keine direkte Sonne. Gelegentlich Infektionen oder Fieberbläschen. Ältere Haut wird tiefer abgeschält, was mitunter zu Schürf- und Brandwunden führt.
- *Laserresurfacing.* Infektionen, Hautrötung. Reagiert die Haut nicht gut, besteht die Gefahr der Depigmentierung (weiße Flecke).

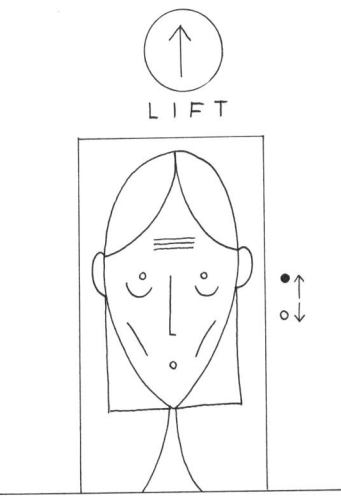

VORSICHT IST GEBOTEN
(NICHT-KÖRPERLICHE RISIKEN)

- *Achte auf dein Bankkonto.* Kosmetische Eingriffe sind teuer bis sehr teuer. Informiere dich vorab genau über die Kosten und bedenke, dass es nicht bei dem einen Mal bleiben wird. Kannst du dir wiederholte Behandlungen leisten? Hast du das Geld dafür?
- *Kein Ende in Sicht.* Die eine Methode mag zwar länger vorhalten als die andere, aber jede Behandlung muss wiederholt werden. Es ist schwierig, einen Schritt zurück zu tun, also zum Beispiel die Botoxinjektion nicht zu wiederholen oder gar die weggeschnittene Falte, die erschlaffte Haut zurückzuholen.
- *Im ersten Moment hilft* eine Botoxbehandlung oder ein Peeling – und das kann abhängig machen. Du siehst, dass sich eine Falte abschwächen lässt, und du willst mehr. Auf einmal möchtest du auch die Lachfalten entfernen lassen, die dich bisher nie gestört haben. Und dann?

231

- *Vergleiche dein Gesicht mit einem ungefähr fünf Jahre alten Foto von dir.* Was siehst du? Bist du auf dem besten Weg, eine Frau zu werden, die du nie warst, mit wulstigen Lippen und pummeligen Apfelbäckchen? Zieh rechtzeitig die Reißleine und werde nicht zum Zerrbild deiner selbst.

- *Hüte dich davor, zur Kopie anderer zu werden.* Manchmal hat man den Eindruck, nicht wenige Frauen werden von denselben Ärzten nach immer demselben Foto behandelt. Hinterher haben sie alle annähernd das gleiche straffe Gesicht mit den gleichen betonten Lippen. Mach da nicht mit.

- *Man kann nicht alles glätten lassen,* deshalb entsteht immer eine Disharmonie zwischen den gestrafften und den faltigen Partien.

- *Lass dir nichts aufschwatzen.* »Schrecklich«, sagt die Kosmetikerin und zeigt auf die Pigmentflecke, die die Frühjahrssonne auf deiner Haut hinterlassen hat. Sofort will sie sich ans Bleichen machen, dabei findest du diese Spuren gar nicht weiter schlimm. Wenn du deine Sommersprossen magst, dann behalte sie.

- *Kosmetische Eingriffe sind ein Geschäft.* Die Aufgabe eines Schönheitschirurgen ist es nicht, dich gesund zu machen. Diese Ärzte wollen etwas verkaufen, sie wollen verdienen, daher werden sie selten ganz aufrichtig sein. Erkundige dich bei der Klinik, der du dich anvertrauen willst, nach den Risiken der Behandlung und vergleiche die Informationen mit denen, die du dir zum Beispiel in besonderen Chatgroups im Internet holst. Auf diese Weise findest du schnell heraus, wie ehrlich das Klinikpersonal deine Fragen beantwortet hat. Bevor du einen Termin vereinbarst, informiere dich sowohl über die betreffende Klinik als auch über den behandelnden Spezialisten. Google seinen Namen und gib ruhig auch »botox+risiko« ein. Versuche, etwas über den Ruf des Arztes in Erfahrung zu bringen, mit dem du sprichst. Ist er vertrauenswürdig? Sind ihm schon viele Pannen passiert?

BLEIB WACHSAM

Tu es für dich selbst, für dein Selbstvertrauen und deine Selbstachtung. Lass dir die Brüste nicht straffen, damit dein Partner bei dir bleibt. Verzichte auf die glatte Stirn, wenn du damit nur deine Freundinnen ausstechen willst. Eine kosmetische Behandlung löst keine psychischen Probleme und hilft auch nicht gegen Unglücklichsein.

Selbsthass ist kein guter Ratgeber in Sachen Schönheits-OP, denn er verschwindet nicht mit den Falten, sondern fordert immer neue Opfer.

Du kannst die Uhr nicht zurückdrehen. Unterzieh dich einer kosmetischen Behandlung nicht deshalb, weil du jünger werden willst. Dafür ist sie nicht da. Die Degeneration der Haut wird dadurch zwar verzögert, aber nichts kann bewirken, dass sie ewig glatt bleibt. Außerdem wissen die Menschen in deinem Umfeld, wie alt du bist. Und wenn nicht, dann macht dein runderneuertes Äußeres sie neugierig, und sie finden es heraus. Entwickle dich nicht zur tragischen Figur, und glaub nicht, dein glattes Gesicht oder dein faltenloser Hals könnten irgendjemanden täuschen. Geh vielmehr selbstbewusst an einen kosmetischen Eingriff heran.

Sprich nicht darüber. Du fühlst dich besser, weil du gut aussiehst – nur das geht die Welt etwas an. Kosmetische Behandlungen oder gar Operationen sind kein geeignetes Gesprächsthema. Wenn du darüber redest, riskierst du, dich rechtfertigen und gegen das Urteil (wenn du Pech hast: die Verurteilung) anderer wehren zu müssen. Dazu hast du doch sicher keine Lust. Lass es also gar nicht erst so weit kommen und sprich nicht darüber. Wirst du jedoch gezielt danach gefragt, dann weich nicht aus. Gib eine ehrliche Antwort und sag dazu, dass die OP ein Routineeingriff ist.

Bleib nachdenklich. Mach dir jedes Mal, wenn du einen Termin für eine Wiederholungsbehandlung vereinbarst, gezielt bewusst, warum du die Falten wieder behandeln lässt. Frag dich, ob du wirklich noch dahinterstehst, und lass solche Behandlungen nicht zur Selbstverständlichkeit werden.

Statussymbol? Kosmetische Eingriffe sind keine moralische Pflicht, und sie eignen sich auch nicht als Statussymbol. Du bist keine Spielverderberin, wenn du da nicht mitmachst, und schon gar keine Verräterin. Heul nicht mit den Wölfen. Wenn du dich in die Botoxklinik begibst, dann einzig und allein deshalb, weil du dich gut dabei fühlst, und nicht, weil deine Freundinnen es auch tun oder weil sie gar eine Komplizin brauchen. Und schon gar nicht, um dazuzugehören.

> »In der Klinik haben sie mich überredet,
> mir auch die Augenbrauen mit Botox unterspritzen zu lassen.
> Einmal und nie wieder. Ich sah plötzlich ganz anders aus.«

ODER LIEBER NICHT?

> »Ich warte ab, wie sich die Dinge entwickeln. Es ist ja ein Wachstumsmarkt.«
> »Botox und Faltenfüller –
> das erinnert mich irgendwie an ein künstliches Hüftgelenk.«
> »Das ist mir unheimlich. Einen Tag nichts trinken hilft auch schon.«

Eine glatte Haut ist schöner, ein straffer Körper auch – das zu leugnen wäre naiv. Aber ist glatt in jedem Fall auch besser? Diese Frage stellt sich uns, wenn wir die vierzig erreicht haben. Mit fünfzig denken wir dann ernsthaft darüber nach. Und mit sechzig sollten wir die Antwort wissen.

Es gibt sehr viele schöne Frauen von vierzig, fünfzig, sechzig oder gar siebzig, und genauso viele sind nicht schön. Das hat längst nicht immer etwas mit Falten zu tun. Manche Menschen haben schiefe Zähne oder eine strapazierte Haut, andere einen krummen Rücken, einen Watschelgang oder eine miesepetrige

Ausstrahlung. Also nichts, was Botox oder ein Facelifting beheben könnte.

»Ich sehe oft restaurierte Gesichter, an denen alles gemacht worden ist.
Aber das Alter schimmert immer durch.«

Uns selbst entkommen wir nicht. Falten sagen auch etwas darüber aus, wer wir sind. Sichtbare Zeichen des Alterns gehören einfach dazu, sie belegen unsere Zugehörigkeit zu einer bestimmten Gruppe. Wir müssen uns fragen, ob es sinnvoll oder klug ist, die Augen davor zu verschließen.

»Schönheit kommt von innen, das ist nun mal so.«
»Das Alter – das sind nicht die Falten, das ist das Altsein.«
»Warum darf man nicht alt sein, obwohl man es ist?«

Was du als Schwäche betrachtest, kannst du in eine Stärke verwandeln. Bring die Selbstbeherrschung auf, deine Tränensäcke und dein Doppelkinn zu ignorieren, oder betrachte die Krähenfüße als etwas Anziehendes. Das ist der Beginn einer Strategie, die dazu führen könnte, dass du dir nichts mehr aufdrängen lässt.
Ja, dein Hals ist nicht mehr glatt. Ja, du hast Lachfalten. Ja, da ist diese Furche zwischen deinen Augen, eine Folge täglichen Nachdenkens. Aber muss das alles versteckt werden? Nein, das geht entschieden zu weit. Das lässt du mal schön bleiben. Und wenn du das schaffst, dann schaffen wir es auch.

»Ich warte, bis ich richtig alt bin, und dann schmiere ich mir
richtig dick Make-up ins Gesicht. Um zu provozieren.«

Dieses Kapitel stützt sich auf: Alex Kuczynski: Beauty Junkies: Inside Our $15 Billion Obsession With Cosmetic Surgery. Doubleday, New York 2006.
De verleiding-katernen. In: *Volkskrant* (11. November 2006, 7. Juli 2007).

REGISTER